Gefährliche *Zwillinge*

In der Reihe Eichborn. *Astrokrimis*
sind 12 Bände erschienen:

Tödliche Widder
Erbarmungslose Stiere
Gefährliche Zwillinge
Tückische Krebse
Mörderische Löwen
Eiskalte Jungfrauen
Rätselhafte Waagen
Mysteriöse Skorpione
Geheimnisvolle Schützen
Kaltblütige Steinböcke
Dunkle Wassermänner
Skrupellose Fische

Gefährliche *Zwillinge*

Mit Geschichten von:

Friedrich Ani
Linda Grant
Lawrence Block
Lauren Henderson
Cornelia Arnhold

Eichborn.

Die Reihe Eichborn. *Astrokrimis*
wird herausgegeben von

Thea Dorn
Uta Glaubitz und
Lisa Kuppler

Gesamtlektorat: Oliver Thomas Domzalski

Die Deutsche Bibliothek – CIP-Einheitsaufnahme

Gefährliche Zwillinge / Hrsg.: Thea Dorn. – Frankfurt am Main :
Eichborn, 2000 (Eichborn Astrokrimis)
ISBN 3-8218-0794-6

Umschlaggestaltung: Moni Port unter Verwendung eines Gemäldes
von Peter Paul Rubens »La Toilette de Venus« 1614/15
(Vaduz/Liechtenstein, Fürstliche Sammlung)
© Archiv für Kunst und Geschichte (AKG), Berlin
Satz: Fuldaer Verlagsagentur, Fulda
Druck und Bindung: Milanostampa, Italien
ISBN 3-8218-0794-6

Verlagsverzeichnis schickt gern:
Eichborn Verlag, Kaiserstr. 66, 60329 Frankfurt
www.eichborn.de

Inhaltsverzeichnis

Friedrich Ani *Pas de deux*

Selbstverständlich hatten Sarah und Esther Klein ein Alibi.

»Aber Sie sind Robert Fuller kurz vor seinem Tod begegnet!« sagte Oberkommissar Josef Braga laut. In dem engen Zimmer mit dem langen Tisch, an dem sie alle saßen, dröhnte seine Stimme noch unangenehmer als sonst.

»Ich nicht«, sagte Sarah Klein.

»Ich auch nicht«, sagte Esther Klein.

»Eine von euch ist gesehen worden!«

Wie sein Kollege Braga war auch Oberkommissar Sven Gerke knapp zwei Meter groß, und wie Braga trug er meist blaue Jeans und eine schwarze Lederjacke. Sie bearbeiteten jeden Fall zusammen. Gerkes Stimme war leise, beinah sanft, und in Vernehmungen redete er oft so, als müsse er einem Kind einen komplizierten Sachverhalt erklären.

»Entweder Sie ...« Gerke zeigte auf Sarah, machte eine Pause und bewegte den Finger dann langsam zu Esther hinüber. »... oder Sie ... Und es gibt keinen Zweifel, keinen ... Eine Zeugenaussage ist ein wesentlicher Bestandteil der Beweisaufnahme, das wissen Sie doch. Oder haben Sie das vergessen?« Er sah Esther in die Augen, und die Frau erwiderte ruhig seinen Blick.

Die beiden Schwestern waren dreiunddreißig Jahre alt, hatten schwarze kurzgeschnittene Haare, dieselben runden Gesichter und schwarzbraune Augen. Sie trugen schwarze Hosen und blaue Daunenjacken, die, wie ihre gesamte Erscheinung, vollkommen identisch aussahen. Nur an einem einzigen Detail konnte ein Außenstehender die Frauen voneinander unterscheiden: Am rechten Mittelfinger trug Sarah einen Ring mit einem schwarzen und Esther einen Ring mit einem schwarzweiß gestreiften Onyx.

Während der Kassettenrecorder lief und das Schweigen im Raum aufzeichnete, bemerkte Gerke die schmalen Hände, die beide Frauen auf den Tisch gelegt hatten, jeweils die rechte mit dem auffallenden, matt glänzenden Stein; er sah die feinen Härchen auf den Fingern und fragte sich, ob diese zartgliedrigen Hände fähig wären, einen Menschen mit einer Drahtschlingezu erdrosseln.

Dumme Frage! Er schüttelte abwesend den Kopf. Was hatte die Beschaffenheit von Gliedmaßen damit zu tun? Nichts! Nicht das geringste! Welches Verbrechen jemand beging, stand in keinem Zusammenhang mit seinen körperlichen Eigenschaften. In den acht Jahren, die Gerke in der Münchner Mordkommission im Dezernat 11 arbeitete, hatte er noch nie einen Verbrecher verhaftet, der auffallend häßlich gewesen wäre und womöglich aussah wie der Glöckner von Notre-Dame. Sie wirkten alle so durchschnittlich wie die Verkäufer bei *H & M*, wo Gerke seine Hosen und Hemden kaufte. Immer wieder wollten Bekannte, die nicht bei der Polizei waren, von ihm wissen, woran man einen Mörder erkannte, und seine Standardantwort lautete: »An seinem Mord.« Auch war er noch nie einem Vergewaltiger und Frauenschänder begegnet, der entstellt gewesen wäre und sich deshalb aus einem krankhaften Minderwertigkeitskomplex heraus an den Frauen rächen wollte.

Was also war so interessant am Anblick der Hände von Sarah und Esther Klein?

Vielleicht, weil Gerke sie nicht zum ersten Mal betrachtete. Sondern zum vierten Mal. Und wieder in diesem Raum, an diesem Tisch, immer in den Pausen der Vernehmung, die die zwei Frauen ohne Anstrengung durchzuhalten schienen. Zum vierten Mal waren sie in einem Mordfall vorgeladen, und auch diesmal würde es keine zwei Stunden dauern, und sie wären wieder entlassen, frei von jedem zwingenden Verdacht. Wie immer.

»Der Zeuge hat Sie gesehen«, sagte Braga drohend und zündete sich eine Zigarette an.

»Wen?« fragte Sarah.

Sie hatten fünf Kollegen ausgeschickt, die die Lebensumstände von Robert Fuller recherchieren sollten, und keiner fand einen Hinweis darauf, daß der Ermordete die Zwillingsschwestern gekannt hatte. Es war genau wie in den anderen drei Fällen: Ein Mann wird erdrosselt, ein Zeuge will eine Frau gesehen haben, deren Beschreibung in etwa auf Esther und Sarah paßt, auf die die Polizei wiederum durch einen anderen Zeugen stößt, der die Frauen auf dem Phantombild in der Zeitung erkannt haben will. Dreimal besuchten die Polizisten die Frauen in der Wäscherei, die sie betrieben, und erhielten bereitwillig Auskunft. Im Dezernat unterschrieben die Zwillinge ihre protokollierten Erklärungen, und auf weiteres Nachbohren gaben sie unaufgeregt Auskunft. Die Frage, wie es möglich war, daß sie zusammen mit dem Toten gesehen worden waren, blieb immer offen. Weder Esther noch Sarah wollten den ermordeten Männern jemals begegnet sein. In getrennten Vernehmungen sagten sie beide dasselbe, und Gerke und Braga hatten keine Möglichkeit, ihnen zu widersprechen; ihre Indizien taugten einfach nichts.

Außerdem hatten die Frauen ein Alibi. Zur Tatzeit waren sie jedesmal gemeinsam zu Hause, und es gab kein Gesetz, das diese Aussage vor Gericht entwertete.

Und letztendlich stellten sich auch die Zeugen als wenig vertrauenswürdig heraus.

»Die könnt die Frau gewesen sein«, sagte im Fall Fuller ein Herr Bug und zeigte auf Sarah hinter der Glasscheibe. Neben ihr standen vier weitere Frauen, die ihr vage ähnlich sahen.

»Das ist doch die gleiche!« sagte Herr Bug eine Minute später und zeigte auf Esther.

Jedesmal dasselbe. Diesmal war Gerke mit der Erwiderung an der Reihe.

»Nein«, sagte der Oberkommissar, »das ist die Schwester der Frau, die Sie gerade eben gesehen haben.«

»Die schaut doch genauso aus!«

»Es sind Zwillinge!«

»Ach so«, sagte Bug, »das ist natürlich schlecht. Ich weiß auch nicht ... Vielleicht hat sie doch anders ausgesehen, kleiner, dicker ... Ich weiß nicht ... Ich will niemand reinreiten.«

»Sie haben sich doch freiwillig an unsere Kollegen am Tatort gewandt!« sagte Braga laut. Nur mit Mühe hielt er seinen Zorn und seine Ungeduld unter Kontrolle.

»Ja«, sagte Bug. »Ich wollt helfen, ich hab auch jemand gesehen, aber ... ich weiß nicht ... aber es war eine Frau, das steht fest!«

Eine Viertelstunde später überquerten Sarah und Esther Klein die Bayerstraße und gingen in die Bahnhofshalle, von wo sie mit der U-Bahn zurück in ihre Wäscherei fuhren. Braga und Gerke sahen sie in der Menge verschwinden. Sie standen im zweiten Stock des Dezernats, das gegenüber dem Hauptbahnhof lag, schauten aus dem Fenster und tranken Kaffee.

»Wieder kein Motiv«, sagte Braga.

»Nicht mal einen halbwegs zuverlässigen Zeugen«, sagte Gerke.

»Wir müssen sie beschatten.«

»Wir kriegen wieder keine Genehmigung, den Weg zum Staatsanwalt kannst du dir sparen.«

»Dann eben ohne!« sagte Braga. »Ich laß mich nicht länger verarschen.«

»Willst du Urlaub nehmen?«

»Ja. Und du auch.«

Gerke stellte die Kaffeetasse auf den Tisch und zupfte

an seinem kunstvoll gezwirbelten Schnurrbart, dessen Enden spitz nach oben zeigten.

»Erst ich zwei Wochen, dann du zwei Wochen«, sagte Braga.

»Ist mir zu riskant«, sagte Gerke.

»Dann mach ich's allein.«

»Du willst zwei Frauen allein beschatten?«

»Die kleben doch sowieso dauernd zusammen.«

Dann ging er zu seinem Schreibtisch und kramte ein Urlaubsformular aus dem Verhau seiner Schubladen.

»Wann räumst du endlich deinen Saustall auf?« fragte Gerke und spülte seine Tasse im Ausguß ab.

»Im nächsten Leben«, sagte Braga.

Auf der Suche nach dem Sinn des Lebens war Josef Braga bei der Polizei gelandet. Nach dem Unfalltod seiner Eltern, die beim Absturz einer Gondel in den Alpen gestorben waren, begann er eine Lehre als Kfz-Mechaniker. Da er nicht zur Bundeswehr gehen wollte, kam er auf die Idee, Staatsdiener in Uniform zu werden. Seine Leistungen auf der Polizeischule waren gut, und er schaffte den Sprung in den gehobenen Dienst. Nach vier Jahren im K112 – Todesermittlung – und im K114 – Vermißtenstelle – wechselte er in die Mordkommission, wo er einen Kollegen traf, der genauso groß war wie er, genauso alt und Basketball genauso liebte wie er. Im Gegensatz zu Sven Gerke allerdings, der sich für diesen Sport nur auf dem Papier interessierte, spielte Braga aktiv in einem

Freizeitteam; seine Versuche, Gerke zum Mitmachen zu überreden, scheiterten kläglich. Überhaupt mußte er feststellen, daß er mit Gerke außerhalb der Dienstzeit wenig anfangen konnte. Sein Kollege saß ungern in Kneipen, war knausrig und hatte eine Beziehung zu einer Frau, die ununterbrochen redete. Braga lebte allein, verbrachte viel Zeit in Wirtshäusern, und wenn eine Frau, die er abschleppte, anfing, viel zu reden, verging ihm die Lust. Er hatte genug Gequatsche auf der Arbeit.

Braga war vierzig und inzwischen seit neunzehn Jahren bei der Truppe. Und er ertappte sich zunehmend dabei, wie er sich fragte, ob das jetzt endgültig das Leben war, das er sich ausgesucht hatte. Oder ob irgendwo noch eine Tür offenstand, die in eine andere Zukunft führte, voller Überraschungen, und vielleicht mit einer Frau, die wenig redete und genau die Richtige war.

Genau die Richtige! Er kannte viele Frauen, aber die Richtige war bis jetzt nicht dabei gewesen. Wahrscheinlich gab es sie gar nicht, und seine Kollegen hatten alle keine Ahnung. Gerke zum Beispiel, der glaubte doch im Ernst, seine Helga wäre die Richtige für ihn!

Braga grinste breit, kurbelte das Fenster des Opels herunter und warf die Zigarettenkippe hinaus. Er parkte in der Herzogstraße, Ecke Fallmerayer, gleich bei dem anatolischen Lokal, in das er manchmal seine jeweils neueste Flamme einlud. Ein paar Meter weiter, auf der linken Seite, lag die Wäscherei von Sarah und Esther.

Seit morgens um halb sieben saß er im Auto. Er war den

Frauen von ihrer Wohnung in der Winzererstraße bis hierher gefolgt, und sie hatten die Wäscherei nicht mehr verlassen. Einen Hinterausgang gab es nicht, das hatte Braga letzte Nacht kontrolliert. Er brauchte also nur abzuwarten.

Natürlich war es verrückt, eine Beschattung allein durchzuführen. Völlig unüblich und leichtsinnig und ineffizient. Aber das kümmerte ihn nicht. Er war sich sicher, daß die beiden Frauen die Polizei zum Narren hielten. Zudem hatte er das Gefühl, er bräuchte etwas Abstand vom Büro, von den Kollegen, vom Staub und dem Gelaber in den Pausen. Es gefiel ihm, den ganzen Tag im Auto zu sitzen und nachzudenken. Er war ein guter Beschatter, einer, der noch nie eine Observation hatte abbrechen müssen, weil die Gefahr bestand, daß er bemerkt worden war. Wenn sie mit fünf oder sechs Autos unterwegs waren und »schüttelten«, dann gehörte er zu denen, die am längsten mit dabei waren. Schütteln, so nannten sie es, wenn eine Person abwechselnd von mehreren Kollegen beschattet wurde. Braga hatte ein Gespür dafür, wie er zu reagieren hatte; instinktiv wußte er, wann er näher kommen konnte und wann er sich zurückfallen lassen mußte. Das Gefühl, daß der andere wußte, er wurde beobachtet, hatte Braga im Gegensatz zu vielen seiner Kollegen nie. Anders als Gerke. Der fühlte sich immer unsicher, hielt eher Abstand als sich heranzutrauen, und beim Schütteln war er froh, wenn er bald ausgewechselt wurde. Gerkes Stärken lagen im Umgang mit Menschen, im Zuhören und Reden, vor allem im Zuhören. Kein Wunder, dachte Braga, bei dieser Frau!

Kurz nach achtzehn Uhr verließen Esther und Sarah Klein die Wäscherei und machten sich zu Fuß auf den Heimweg. Braga sah sie die Herzogstraße bis zur Schleißheimerstraße gehen, nebeneinander, offensichtlich ohne zu sprechen, den Kopf leicht gebeugt. Er folgte ihnen im Wagen, in großem Abstand. Als sie den Karstadt betraten, parkte er auf der anderen Straßenseite, so daß er auch den Nebeneingang im Auge hatte.

Zwanzig Minuten später kamen sie heraus. Sarah trug eine Plastiktüte mit Lebensmitteln und Esther einen schwarzen Schirm, den sie sich neu gekauft hatte.

Braga beobachtete sie, wie sie in dem Haus Winzererstraße 56 verschwanden. Daraufhin aß er im nahen McDonald's zwei Burger und trank dazu ein Bier.

Als er zurückkam und sich hinter dem Lenkrad gerade eine Zigarette anzünden wollte, verließ Sarah das Haus. Oder war es Esther? Er wußte es nicht. Die Frau trug einen langen braunen Mantel und ein Kopftuch. Für einen Moment war er sich nicht einmal sicher, ob es überhaupt einer der Zwillinge war. Doch dann erkannte er sie am Gang.

Oder bildete er sich das nur ein? Unmöglich. Er hatte sie zwei Tage lang beobachtet. Er war ihnen gefolgt, als sie in einen koreanischen Stehimbiß in der Herzogstraße gingen; als sie Körbe voll schmutziger Wäsche aus einem

Auto luden und in die Wäscherei trugen; als sie am Morgen das Haus verließen und am Abend zurückkehrten; er wußte, wie sie sich bewegten, er war ein erfahrener Beschatter, er konnte seinen Augen trauen.

Ich bin aus der Übung, dachte er und schaute hinüber zu der Frau im braunen Mantel. Sie überquerte die Straße und schlug dann den Weg in Richtung Elisabethstraße ein. Was bedeutete, daß sie direkt auf ihn zukam.

Er duckte sich, rutschte tief in den Sitz und tat, als suche er etwas auf dem Boden.

Als er sicher war, daß sie vorbeigegangen war, blickte er vorsichtig in den Rückspiegel.

Die Frau war verschwunden.

Er schaute in die andere Richtung: niemand.

Sie mußte in ein Haus gegangen sein. Bevor er ausstieg, blickte er noch einmal durch die Fenster. Es wurde langsam dunkel. Trotzdem war es riskant, die sichere Deckung des Autos zu verlassen. Er schaltete den Motor ein und fuhr im Schrittempo ein paar Meter weiter. An dieser Stelle hatte Esther – oder Sarah – die Straße überquert und sich nach rechts gewandt, das hatte er gesehen, und auch, wie sie sich dann in Bewegung gesetzt hatte, in seine Richtung. Er hatte sich geduckt und war etwa dreißig Sekunden unten geblieben. Das bedeutete, daß nur ein Wohnblock in Frage kam, in dem sie verschwunden sein konnte. Braga stand direkt davor.

Hinter den meisten Fenstern des fünfstöckigen schmucklosen Flachbaus brannte Licht, auch im Friseursalon im Erdgeschoß, der längst geschlossen hatte. Niemand kam aus dem Haus, niemand ging hinein.

Und wenn die Frau in Wahrheit keine der beiden Schwestern war? Wenn er sich tatsächlich getäuscht hatte? Wenn er sich in etwas hineinsteigerte, das ihn in die Irre führte? Das ihn irre machte? Zwei Tage lang war er den beiden Frauen hinterhergeschlichen, und sie hatten nichts anderes getan als gearbeitet, gegessen, geredet, geschwiegen, eingekauft. Und was hatte er, was hatten sie im Dezernat wirklich gegen sie in der Hand? Höchst zweifelhafte Zeugenaussagen. Immerhin: in vier Fällen! Das war kein Zufall, und wie Bragas Chef, Karl Funkel, immer sagte: Trauen Sie Ihrer Intuition! Und das tat er, Braga, nichts anderes war der Motor seiner eigenwilligen, gefährlichen, geheimen Aktion: Er folgte seiner Intuition.

Und er war überzeugt davon, daß die Frau in dem braunen Mantel und mit dem Kopftuch entweder Sarah oder Esther Klein war. Und daß sie sich tarnten, daß sie etwas ausheckten, daß sie in die Mordfälle verwickelt waren, in alle vier! Natürlich waren sie das!

Braga zündete eine Zigarette an und sog den Rauch tief ein. Er war auf der richtigen Spur, er allein, und sein Partner Gerke hockte im Büro und sortierte sinnlos Zeugenaussagen und Protokolle.

Robert Fuller war Bankangestellter gewesen, unbescholten, unauffällig. Er war siebenundzwanzig, als er starb, und in seinem Umfeld gab es nicht den geringsten Hinweis auf ein Motiv, niemanden, der für die Tat auch nur annähernd in Frage kam. Und kurz vor seinem gewaltsamen Tod war er mit einer der beiden Klein-Schwestern gesehen worden! Egal, ob dieser Bäckermeister Bug bei der Gegenüberstellung plötzlich Zweifel hatte, das spielte keine Rolle, der Mann hatte eine der beiden Frauen gesehen, er hatte nicht gezögert, seine Beobachtungen den Kollegen vor Ort mitzuteilen.

Zwischen dem ermordeten Fuller und den Klein-Schwestern gab es eine Verbindung, ebenso wie zwischen ihnen und den drei anderen Toten! Braga griff in die Innentasche seiner Lederjacke und zog das Handy aus dem schwarzen Etui. Er tippte eine Nummer ein.

»Braga, Mordkommission, mit wem spreche ich?«

»Esther Klein. Guten Abend, Herr Braga.«

Er ließ das blaßgrüne Haus mit den unterteilten Fenstern, in dem die Schwestern wohnten, nicht aus den Augen.

»Ich hab noch eine Frage: Könnte es sein, daß der Mann, der Sie oder Ihre Schwester angeblich mit Robert Fuller gesehen hat, Sie vielleicht von woandersher kennt? Vielleicht aus seiner Bäckerei? Wir wollen die Aussage zu den Akten legen, deshalb wollte ich noch mal nachfragen.«

Er hoffte, sie würde nicht merken, daß diese Frage nur ein Trick war, ein nicht sehr raffinierter, wie er zugeben mußte.

»Das haben wir uns auch schon überlegt«, sagte Esther.

Dann entstand eine Pause. Braga drückte das Handy fest ans Ohr, um mitzubekommen, was am anderen Ende passierte. Doch er hörte nur ein Klacken.

»Herr Braga?«

Er sagte nichts.

»Wir sind gerade beim Abspülen, entschuldigen Sie bitte. Nein, wir waren nie in der Bäckerei Bug, der Mann muß uns verwechseln. Wir sind ihm nie begegnet, aber das haben wir ja schon ausgesagt.«

»Ich möcht gern Ihre Schwester sprechen«, sagte Braga und warf einen schnellen Blick zu dem fünfstöckigen Wohnblock auf der anderen Seite der Straße. »Die ist gerade rausgegangen«, sagte Esther.

»Wann kommt sie denn zurück?«

»Jeden Moment.«

Unwillkürlich duckte sich Braga und blickte schnell zwischen den Häusern hin und her. Hastig klemmte er das Handy zwischen Kinn und Schulter, legte den Rückwärtsgang ein, gab Gas und fuhr auf den Parkplatz zurück, auf dem er vorhin gestanden hatte.

»Da ist sie schon!« sagte Esther.

Braga setzte sich aufrecht. Irgendwie fühlte er sich nicht gut. Plötzlich hatte er das Gefühl, als hätte er den Überblick verloren, als sei er benutzt worden oder hätte sich womöglich blamiert, fürchterlich blamiert.

»Herr Braga?«

Er nahm das Telefon in die andere Hand. Er konnte sich nicht erklären, wieso.

»Ja?« sagte er, als wäre er es, der Rede und Antwort stehen müßte.

»Hier ist Sarah, Sie wollten mich was fragen?«

Dann war diese Frau mit dem Kopftuch also doch ...

»Hallo, Herr Braga?«

»Ja«, sagte er schnell. »Ich wollte Sie fragen, ob dieser Mann, dieser Zeuge, ob Sie den vielleicht von woanders her kennen, aus seiner Bäckerei vielleicht ...?«

»Nein, ich hab ihn wirklich noch nie gesehen, das hab ich doch schon gesagt.«

Er stutzte.

War das die Stimme von Sarah Klein? Oder war es dieselbe wie vorhin? Die Stimme von Esther Klein?

Er war sich nicht sicher! Er hatte einen trockenen Mund, total ausgetrocknet. Er machte die Tür auf und atmete die kühle Mailuft ein.

»Herr Braga?«

Wieder diese Stimme! Welche war es? Zu wem gehörte sie?

»Ja«, sagte er wieder, und dann: »Fragen Sie doch bitte ... fragen Sie Ihre Schwester, ob sie sich auch ganz sicher ist, das ist sehr wichtig ...«

»Natürlich«, sagte Sarah. »Einen Moment.«

Er preßte das Handy ans Ohr, aber er konnte nichts hören. Nicht einmal ein Klacken. Er schwitzte. Im Auto war es auf einmal so warm, als wäre die Heizung an. Das war Unsinn! Er klemmte das Gerät zwischen Kinn und Schulter und zog hastig die Lederjacke aus.

»Hallo? Hallo, Herr Braga?«

Jetzt verhedderte er sich auch noch mit den Ärmeln, und seine Hand steckte im Futter fest.

»Hallo?«

»Ja ...« sagte er und fuchtelte mit dem Arm herum. Das Handy rutschte ihm aus der Hand und krachte auf den Asphalt. Er warf die Jacke auf den Beifahrersitz und bückte sich.

»Ja«, sagte er.

»Nein«, sagte die Frau am anderen Ende, von der er nicht wußte, wer sie war. »Meine Schwester sagt, sie war nie in dieser Bäckerei, nie.«

»Ja«, sagte Braga. »Wiederhören.«

Er kappte die Verbindung und starrte das Handy an wie einen extraterrestrischen Findling, der Unglück und Schmach über ihn gebracht hatte.

Er war kurz davor, hinüberzugehen, zu klingeln und in die Wohnung zu stürmen. Aber das durfte er nicht. Das wäre ja Wahnsinn! Das wäre ja eine einzige Lächerlichkeit! Er mußte hier weg, bloß weg hier, dachte er, knallte die Tür zu und raste davon.

In der Albert-Roßhaupter-Straße, wo er wohnte, parkte Braga direkt vor dem griechischen Lokal *Tarama*, ging hinein und bestellte zwei Ouzo auf Vorrat. Sein erstes Bier trank er in einem Zug aus. Bei den nächsten sieben ließ er sich Zeit. Aber als er sein Haus betrat, fühlte er sich nüchtern und war zorniger und verwirrter als zuvor. Vor der Wohnungstür blieb er stehen und blickte auf den Schuhabtreter aus Sisalschnüren. Er drehte sich abrupt um und rannte die Treppen hinunter.

»Was willst du denn noch so spät?« sagte Gerke, und Braga bestaunte dessen grüne Boxershorts mit den Mickey-Mäusen.

»Wir müssen reden«, sagte Braga.

»Wer is'n da, Svenni?« tönte eine Stimme aus dem Dunkeln.

»Der Josef!« rief Gerke.

In nur fünf Minuten war Braga von der Albert-Roßhaupter-Straße ins Westend gerast, und er hatte sogar einen Parkplatz in der Kazmairstraße direkt vor Gerkes Haus gefunden.

»Du bist total betrunken«, sagte Gerke.

»Blödsinn!« sagte Braga laut.

Sie gingen hinein, und bevor Braga anfangen konnte zu reden, erzählte ihm Gerkes Freundin Helga irgendeine ellenlange Geschichte über den mysteriösen Tod ihres Friseurs.

Es fehlte nicht viel, und Braga hätte sie mit seiner Dienstpistole eigenhändig erschossen.

Ohne die Protokolle und Tatortanalysen vor sich zu haben, rekonstruierten die Oberkommissare noch einmal die Morde. Gerke trank grünen Tee, den Helga in regelmäßigen Abständen frisch kochte und in einer gelben Kanne ins Wohnzimmer brachte. Braga, der sie keines Blickes würdigte, kritzelte weiße Blätter mit Zeichen und Pfeilen voll und trank Bier aus der Flasche. Für seinen Nachschub war Gerke zuständig, da sich Helga weigerte, den nächtlichen

Gast zu bewirten. Wortlos goß sie den Tee in die flache Tasse und ging aus dem Zimmer. Währenddessen schwiegen die Männer.

Am oberen Rand von vier weißen Blättern standen die Namen der Ermordeten: Karl Treck, 41, Allgemeinarzt. – Georg Ring, 68, pensionierter Lehrer. – Ewald Schulte, 52, Makler. – Robert Fuller, 27, Bankangestellter. Und in die Mitte von jedem Blatt hatte Braga in Großbuchstaben die Namen der Zwillingsschwestern geschrieben: SARAH / ESTHER KLEIN. Von ihren Namen zeigten dicke schwarze Pfeile ins Nichts.

»Vier Morde, vier Zeugen, die jeweils eine der beiden Schwestern gesehen haben«, sagte Braga zum zehnten Mal und klopfte mit der Bierflasche gegen sein Kinn.

»Jetzt verrat ich dir was«, sagte Gerke und stand unvermittelt auf. Über den Boxer-Shorts trug er ein rotes T-Shirt mit dem Aufdruck: *HELP!* »Mir geht's wie dem Staatsanwalt, ich glaub nicht an Phantome, und ich ...«

Braga sprang auf, knallte die Flasche auf den Tisch und stürzte ans Fenster.

»Das sind doch keine Phantome, die zwei!« brüllte er gegen den braunen Vorhang, der die gesamte Fensterfront bedeckte. »Die sind doch leibhaftig, das sind keine Gespenster! Was glaubst du, was ich seit zwei Tagen mache, Mann! Ich seh die! Ich seh die, wie die gehen, wie die einkaufen, die sind doch real! Der Staatsanwalt ist blind!« Er wirbelte herum. »Und du auch! Du auch, Sven! Total blind!«

Er wischte sich den Schweiß von der Stirn.

Die beiden großgewachsenen Männer standen sich gegenüber, und Gerke fragte sich, wie er seinen Kollegen beruhigen könnte.

»Willst du einen Schluck Tee?«

»Da kotz ich drauf!«

Die Tür ging auf, und Helga streckte den Kopf herein. Sie trug einen rosafarbenen Frotteemantel, und ihr Gesicht glänzte von einer Creme. Sie sagte nichts, sie schaute bloß.

»Ist was?« rief ihr Braga zu.

Helga sah Gerke an, und der nickte. Helga machte die Tür wieder zu.

»Hat die die Sprache verloren?« brüllte Braga, ließ sich auf die Couch fallen, schnellte in die Höhe, stand da, wie unschlüssig, sah sich um, hob die leere Bierflasche und stellte sie sofort wieder hin.

»Ich hab kein Bier mehr«, sagte Gerke. Er war müde. Und er war verärgert, weil Braga ihn aus einer Situation gerissen hatte, in die er nicht allzuoft geriet: im Bett mit Helga. Und dahin wollte er möglichst schnell zurück. Aber anstatt zur Tür zu gehen, stürzte Braga wieder ans Fenster, als verberge sich hinter dem dicken Vorhang die erlösende Wahrheit.

»Das Augenfällige, ja?« Er starrte den Vorhang an. »Das Augenfällige: ein Toter, ein Zeuge, der eine Frau gesehen hat.«

»Nicht schon wieder!« sagte Gerke. Der Tee war kalt geworden und seine Wirkung längst vorbei.

»Das Naheliegende: Die Frau stand mit dem Opfer in einer Beziehung ...«

Gerke schüttelte den Kopf und sah auf die Uhr in dem Eichengehäuse, die er von seinem Vater geerbt hatte: Es war zwanzig nach vier.

»Und das Wahrscheinliche ...« Braga ballte die Fäuste. In seinen Mundwinkeln klebte Speichel. »Und das Wahrscheinliche ist, diese Frauen sind in die Morde involviert, und zwar in allen vier Fällen. Und ich werd das jetzt endgültig beweisen! Ich bin dabei, alles rauszufinden! Ich kleb solange an den beiden dran, bis ich sie hab. Solange! Und wenn's Monate dauert!«

»Dann bist du deinen Job los. Und ich auch, wenn ich jetzt nicht ins Bett geh!«

Gerke nahm die gelbe Kanne und die Tasse und ging zur Tür, ohne sich weiter um seinen Freund zu kümmern.

»Sven?« sagte Braga. Er kam hinter Gerke her und nahm ihm die Kanne aus der Hand. »Glaubst du, die spielen mit mir, die Zwillinge?«

Seine Aufgeregtheit schien schlagartig verschwunden. In seinem Blick lag plötzlich eine Unsicherheit, die Gerke noch nie bemerkt hatte, ein stummes Flehen, das diesen Hünen in einen Jungen verwandelte, dem die gewohnten Dinge Angst einjagten, weil er ihnen aus einem ihm unbekannten Grund nicht mehr traute.

Für einige Momente herrschte Stille. Auch von draußen war kein Geräusch zu hören. Gerke roch Bragas Bieratem, und er sah, wie sein Freund schwitzte.

»Ich weiß es nicht«, sagte Gerke. Vielleicht hätte er etwas anderes antworten sollen, aber Lügen war nicht seine Stärke, und Schöntun schon gar nicht.

»Du hältst es also für möglich.«

Gerke machte die Tür auf, und sie gingen hinüber in die Küche, wo noch Licht brannte und der Tisch fürs Frühstück gedeckt war, die zwei Kaffeetassen verkehrt herum auf den Tellern, wie früher in kleinen Pensionen.

»Hör auf mit der Beschattung, die Frauen haben nichts damit zu tun«, sagte Gerke.

»Die Frau in dem Mantel, wer war das?« fragte Braga im Flur, als er den Kleiderständer sah, an dem eine Unmenge Jacken hing.

»Irgendwer.«

»Die hat ihre Stimme verstellt! Eine der beiden hat ihre Stimme verstellt!«

»Du spinnst.«

»Ich krieg alles raus!« rief Braga, bevor er zur Tür hinausging.

»Nimm dir ein Taxi, ich bring dir in der Früh den Wagen vorbei«, sagte Gerke.

»Ich krieg alles raus!« rief Braga noch einmal und ließ die Tür ins Schloß fallen. Gerke blieb stehen und lauschte. Ein paar Augenblicke später hörte er unten den Motor des Opels aufheulen. Er drehte sich um und machte in der Küche das Licht aus.

Als Gerke ins Schlafzimmer kam, schnarchte Helga leise, und er legte sich vorsichtig neben sie. Wenn er Helga nicht hätte, würde er genau wie Braga wie besessen hinter den Zwillingen herjagen. Gerke wußte das schon, seit sie an den vier ungeklärten Mordfällen arbeiteten. Bragas Instinkt als Polizist war absolut richtig. Die Bemerkung über den Staatsanwalt, dessen Einschätzung er angeblich teilte, war nur ein mickriger Versuch gewesen, das Gespräch vorzeitig zu beenden.

Denn er sehnte sich nach Helga. Sie hatte ihm gezeigt, daß es ein Leben außerhalb der Arbeit gab. Sie, die elf Jahre älter war als er, lehrte ihn, Geduld zu haben und zu vertrauen, vor allem sich selbst.

Und wenn er wie jetzt neben ihr lag, fühlte er sich vollkommen im Hier und Jetzt. Er fragte sich nicht wie früher bei anderen Frauen, ob sie zusammenbleiben würden und ob er ihr treu sein würde und sie ihm und was er mit ihr an Weihnachten unternehmen sollte oder im Urlaub. Er lag einfach nur da und ließ die Zeit verstreichen. Und wenn er morgen beschließen sollte, den Dienst zu quittieren und etwas Neues, Unbekanntes anzufangen, dann würde er nicht lange zögern. Sondern zu Karl Funkel, seinem Chef, gehen, kündigen und es tun.

Daß man Einfluß auf die Windungen des eigenen Lebensweges nehmen konnte, daran erinnerte ihn Helga jeden Tag. Und deshalb liebte er sie wie noch keine Frau zuvor.

Zum ersten Mal dachte er daran, ihr einen Heiratsantrag zu machen. Wieso eigentlich nicht schon heute?

Er lächelte in die Dunkelheit.

Bragas grüner Ausweis beeindruckte die Frau im grauen Kittel nicht im geringsten. Sie war damit beschäftigt, Bettlaken zu mangeln, und konzentrierte sich auf die Walze, die die Wäsche glättete. Dann faltete sie das Laken zusammen und spannte das nächste ein.

»Wann haben sie Ihnen Bescheid gesagt, daß sie heute nicht kommen?«

Braga hielt immer noch seinen Ausweis in der Hand, als müsse er sich legitimieren, damit er sich überhaupt hier aufhalten durfte.

»Gerade eben«, sagte die Frau. Ihre Kollegin stopfte zwei der großen Trommeln mit Buntwäsche voll und schien sich für seine Fragen noch weniger zu interessieren als die Frau an der Mangelwalze.

»Mit wem haben Sie gesprochen, mit Esther oder mit Sarah Klein?« fragte Braga und steckte endlich den Ausweis ein.

Die Frau warf ihrer Kollegin einen kurzen Blick zu.

»Welche Chefin war 'n dran, Paula?«

»Die Sarah«, sagte Paula.

»Sind Sie sicher?« Braga wandte sich ihr zu. Aus einem kleinen weißen Plastikbecher kippte sie Waschpulver in die Maschine und schloß die Trommel.

»Ja, freilich.«

Sie drückte zwei Knöpfe, und im Innern begann es zu rauschen, Wasser lief ein. Braga wartete, bis Paula sich aufrichtete und den leeren Korb hochhob.

»Hat sie ihren Namen genannt?«

»Freilich.« Paula ging in den hinteren Teil der Wäscherei, wo die Trockner standen.

»Und wann sind sie wieder gesund?« Die Frage kam ihm selber ziemlich unsinnig vor, aber er fühlte sich plötzlich dermaßen fehl am Platz, daß er am liebsten laut losgebrüllt hätte. Einfach so. Nur um zu beweisen, daß er wirklich da war und damit diese Frauen ihn wahrnahmen und sich mit ihm beschäftigten.

Schon wieder hatte er den Eindruck, verarscht zu werden.

»Das hat die Chefin nicht gesagt«, sagte die Frau an der Mangel.

»Sie haben doch gar nicht mit ihr gesprochen!« donnerte er. Spielten sie mit ihm? Machten sie sich lustig über ihn? Logen sie ihm frech ins Gesicht?

Er schaute sie abwechselnd an, die eine mit den nackten wabbeligen Oberarmen, die direkt vor ihm stand, die andere, die gerade weiße Männerunterhosen aus einem der Trockner nahm und sie knetete und wendete und dann wieder hineinwarf. Bei diesem Anblick empfand er einen so starken Widerwillen, daß er sich umdrehte und ohne ein weiteres Wort die Wäscherei verließ.

»Der Arzt hat sie krank geschrieben!« rief ihm Paula hinterher.

Das hörte er schon nicht mehr.

In seinem Auto raste er über die Schleißheimer Straße, bog vor dem Karstadt rechts ab und parkte an der Ecke zur Winzererstraße. Fußgänger mit Einkaufstaschen hasteten an ihm vorbei, Fahrradfahrer schossen über den Bürgersteig, und an der roten Ampel bildete sich eine lange Autoschlange, weil ein Lastwagen die Kreuzung blokkierte.

Freitagmorgen, und jeder hatte es eilig. Auch Josef Braga.

Er rannte zum Haus Nummer 56. Er wollte sie jetzt stellen! Er wollte jetzt nicht länger hinterherdackeln und zuschauen. Er wollte sie jetzt zwingen zu sprechen. Zu gestehen! Und wenn sie sich widersetzten, würde er ihnen mit vorgehaltener Pistole befehlen, die Wahrheit zu sagen, die Wahrheit zuzugeben. Und die Wahrheit war, daß sie vier Männer getötet hatten, warum, das wußte er noch nicht, aber er würde es aus ihnen herauskriegen. Alles, alles würde er aus ihnen herauskriegen!

Und während er die Straße entlanglief und seine Waffe im Holster entsicherte, explodierte in seinem Kopf immer wieder ein Satz wie eine Bombe: *Ich krieg alles raus! Ich krieg alles raus! Ich krieg alles raus!*

Er würde es dem Gerke zeigen, er würde ihm beweisen, daß er die ganze Zeit recht gehabt hatte. Und der Staatsanwalt müßte sich bei ihm entschuldigen, und im Dezernat würden sie ihn loben, und er würde endlich zum Hauptkommissar befördert werden.

»Ich laß mich nicht mehr verarschen!« schrie er und schlug mit der Faust gegen die geschlossene Tür am Haus Nummer 56.

Eine alte Frau, die einen Pudel Gassi führte, blieb stehen und schaute ihn finster an.

»Sind Sie ein Randalierer?« sagte sie, und ihr Pudel bellte synchron dazu.

»Gehen Sie weiter. Polizei!« Er hielt ihr seinen grünen Ausweis hin.

»Kenn ich aus'm Fernsehen«, sagte die Frau und betrachtete das Plastikdokument. »Wo is'n Ihr Kollege?«

»Ich bin allein.«

»Ob das gutgeht«, sagte die Frau und zog den kläffenden Pudel hinter sich her.

Braga drückte auf die Klingel, und die Tür ging auf. Er wollte eintreten, doch eine Frau versperrte ihm den Weg.

Sarah Klein.

Oder Esther Klein.

Er starrte sie an.

Sie trug eine schwarze Hose und eine blaue Daunenjacke. Ihr rundes Gesicht war weiß, und ihre Augen waren gerötet.

»Was wollen Sie?« fragte sie.

»Wer sind Sie?« fragte er, und das meinte er ernst. Er wollte wissen, welche der beiden Schwestern er vor sich hatte.

»Sie kennen mich doch«, sagte sie. »Ich bin Esther Klein. Sind Sie betrunken, Herr Braga?«

Blitzschnell griff er nach ihrer rechten Hand und hielt sie hoch. Kein Ring! Er packte die andere Hand. Kein Ring!

»Was ist?« fragte Esther.

»Wo ist Ihr Onyx? Wenn Sie Esther sind, dann müssen Sie einen schwarzweiß gestreiften Stein am Mittelfinger tragen!« Er hob ihre beiden Hände abwechselnd ruckartig hoch, wie bei einer Puppe.

»Lassen Sie mich los!«

»Wo ist der Ring?«

»Ich muß zur Apotheke!« Sie drängte sich an ihm vorbei.

»Stehenbleiben!«

Sie ging weiter. Braga hörte die Daunenjacke knistern, und das Geräusch dröhnte in seinen Ohren.

»Sie sollen stehenbleiben!« brüllte er. Und plötzlich kreischte auf der anderen Straßenseite ein junges Mädchen, und Esther sah zu ihr hin. Dann drehte sie sich langsam zu Braga um.

Er zielte mit der Pistole auf sie.

»Ich hol die Polizei«, rief das Mädchen von gegenüber. Sie rannte in eine Telefonzelle.

»Sie haben vier Männer ermordet. Erdrosselt!« schrie Braga und kam langsam näher. Esther wich keinen Schritt zurück. »Wenn Sie sich bewegen, schieße ich!«

Esther machte keinen Mucks.

»Hinknien!«

Esther schüttelte den Kopf.

»Hinknien!« brüllte Braga. »Hinknien oder ich schieße!«

Immer mehr Leute blieben stehen, in gehörigem Abstand, aber nah genug, um jedes Wort zu verstehen.

»Meine Schwester ist krank«, sagte Esther, »sie braucht Medikamente, Schmerzmittel, ich muß zur Apotheke.«

»Nein!« schrie Braga.

Und dann, nach Sekunden unheimlichen Schweigens, senkte er die Waffe und ergriff Esthers Hand.

»Gehen wir in Ihre Wohnung, und dann erzählen Sie mir, wie es zu den Morden kam«, sagte er.

Sie nickte und machte keine Anstalten, sich aus seinem Griff zu befreien.

»Ja«, sagte sie, »das ist eine gute Idee.«

Wie ein Geiselnehmer hielt Braga die Pistole auf Esther gerichtet, und sie gingen wie in Zeitlupe zurück zum Haus Nummer 56, umringt von einer riesigen Menge Schaulustiger, die sich unmerklich nach vorne schob.

Hinter den Gaffern näherte sich der erste Streifenwagen.

»Wo ist Ihre Schwester?« fragte Braga, als sie die Wohnung betraten. Es roch nach süßem Parfüm.

»In der Küche«, sagte Esther.

Plötzlich hatte Braga das merkwürdige Gefühl, als sei er schon einmal hier gewesen.

Aber das war unmöglich.

Er haßte Déjà-vus.

Doch als er in der Küche Sarah Klein am Tisch sitzen sah, kalkweiß im Gesicht und mit geröteten Augen, hätte er schwören können, daß er diesen Moment schon einmal erlebt hatte, genau denselben, mit derselben Person, mit Sarah. Oder war es Esther? Oder war es jemand anderes? Jemand, den er kannte? Den er vergessen hatte?

»Setzen Sie sich doch«, sagte die Frau am Tisch. Aber Braga blieb an der Tür stehen, mit hängenden Armen, am ganzen Körper schwitzend, die Pistole in der zitternden Hand.

Dann klingelte es Sturm, und Braga fuhr herum und drückte sofort ab. Die Kugel riß ein kleines Loch ins Holz der Tür. Dann war es still. Er hörte eine Stimme.

»Josef! Mach auf!«

Es war Gerke.

Braga richtete die Pistole auf die Frau vor ihm, Esther oder Sarah, er wußte es nicht.

»Warum haben Sie die Männer ermordet?« schrie er sie an.

Sie schwieg.

Der Lauf der Pistole berührte ihre Wange.

»WARUM?« brüllte er.

»Sag's ihm«, sagte leise die Frau am Tisch, Sarah oder Esther, das war ihm jetzt egal.

»Okay«, sagte eine Frau, die nicht die war, die vor ihm stand, sondern woanders.

Braga fuhr herum. Dabei schrammte der Lauf der Pistole am Türrahmen entlang. Der Polizist erschrak und hätte beinah ein zweites Mal abgedrückt.

Hinter ihm stand eine Frau in einer blauen Daunenjakke, mit schwarzen kurzen Haaren und einem runden Gesicht. Sie hatte die Hände erhoben, als wollte sie ihn abwehren. Doch er stand nur da wie erstarrt und sah, daß sie am rechten Mittelfinger einen schwarzen und am linken einen schwarzweiß gestreiften Stein trug.

Ihre Augen waren grün, hell und grün, und Braga dachte, wie wundervoll diese Augen waren, und er wollte sich umdrehen und die beiden anderen Frauen mit der Pistole unter Kontrolle halten, aber er hatte nicht die Kraft, sich auch nur einen Zentimeter von der Stelle zu rühren.

Sein Blick versank in den grünen hellen Augen der Frau, die ihm plötzlich wie eine Fata Morgana vorkam, wie ein gemeiner Trick, den sich Esther und Sarah ausgedacht hatten, um ihn zum Narren zu halten. Und wer das versuchte, der bekam seine ganze Wut zu spüren, die in ihm schlummerte wie ein Fluch! Nicht einmal sein bester Freund Gerke hatte eine Vorstellung davon, wie vernichtend dieser Fluch sein konnte!

Jetzt mußte er sich zusammenreißen. Bleib wachsam, dachte er, während der Schweiß ihm den Nacken hinunterlief, du bist Polizist, du bist dabei, eine Mordserie zu klären, du schaffst es, dein Instinkt hat dich nicht getrogen.

Und mit großer Anstrengung riß er sich vom Anblick der Frau los und drehte sich um.

Zu seiner Überraschung war alles wie vorher. Sarah, oder war es Esther, stand dicht bei ihm vor dem Geschirrschrank. Ihre Schwester saß am Tisch, das Gesicht kalkweiß, so wie das von der Frau vor ihm und der Frau hinter ihm.

»Wer ist das?« sagte er, und vor Wut klang seine Stimme

heiser und leise anstatt kräftig und drohend. Das machte ihn noch wütender. Doch bevor er erneut fragen konnte, sagte die Frau vor ihm: »Sie heißt Ruth, wußten Sie das nicht?«

Wie von einer Keule getroffen, wirbelte Braga herum und schrie aus Leibeskräften: »NEEIIN!«

Dann riß er die Augen auf und brachte den Mund nicht mehr zu.

Da war niemand! Die Frau war verschwunden. Es roch nach süßem Parfüm. Und er fror.

Von den Füßen bis zur Stirn raubte ihm ein arktischer Schauer jede Kraft. Die Pistole lag wie ein Eisklumpen in seiner Hand. Und die weiße Wand, die er im trüben Flurlicht vor sich sah, erschien ihm wie ein Fels aus Schnee, eine unüberwindliche Mauer, die jeden Moment einstürzen und ihn begraben würde.

»Ich verrate Ihnen, warum die Männer alle tot sind«, sagte eine Stimme, und er mußte grinsen.

Also war er doch nicht am Nordpol! Also war er doch noch in der Welt!

»Also bin ich doch nicht verrückt!« sagte er.

Das hatte er nicht sagen wollen, aber jetzt war es zu spät. Er starrte vor sich hin, die linke Hand zur Faust geballt, in der rechten die Waffe, mit der er auf einen Schatten an der Wand zielte, der sein eigener war.

»Okay«, sagte die Frau hinter ihm, und er neigte den Kopf vor, um alles genau zu hören. Doch er drehte sich nicht um.

Nach drei Minuten hörte sie auf zu reden. Braga starrte vor sich hin, zitternd, fröstelnd und schwitzend. Dann wandte er sich um.

Wer hatte gesprochen? Esther? Sarah? Er wußte es nicht. Sie saßen jetzt beide am Tisch, beide mit den gleichen kalkweißen Gesichtern und rotgeränderten Augen, die Hände vor sich flach auf dem Tisch, wie bei den Vernehmungen im Dezernat, doch ohne Schmuck. Keine von beiden trug ihren Ring. Den hat die dritte Schwester! schoß es Braga durch den Kopf, und sofort verscheuchte er diesen Gedanken.

»Es gibt keine dritte Frau!« sagte er, und seine Stimme klang laut und schnarrend.

Wieder war ihm etwas herausgerutscht, das er überhaupt nicht hatte sagen wollen.

Er biß sich auf die Lippen. Dann fiel ihm auf, daß Sarah, also die Frau, die bereits am Tisch gesessen hatte, als er in die Küche kam, eine blaue Daunenjacke anhatte, genauso wie die andere, die ihm unten an der Haustür entgegengekommen war. Welche von beiden?

Er richtete die Pistole erst auf die eine, dann auf die andere.

Die eine hatte ihm soeben vier Morde gestanden. Er hatte es genau gehört. Aber jetzt konnte er sich an kein Wort mehr erinnern. Er schaute sie an.

Welche von beiden hatte überhaupt gesprochen? Und die Wahrheit gesagt? Ihm also recht gegeben? Die rechte oder die linke? Sie saßen nebeneinander auf der Holzbank.

Unter einem gerahmten Schwarzweißfoto, auf dem ein Elternpaar mit drei kleinen Töchtern zu sehen war. Mit drei? Braga kniff die Augen zusammen. Es waren drei Kinder, kein Zweifel.

Also gab es doch drei Geschwister! Aber das konnte doch nicht sein!

»Wieso drei?« brüllte er, »es gibt keinen dritten Zwilling, den gibt's nicht!«

Er drehte sich um, grinsend und selbstsicher, und sagte, während sein Blick das Foto streifte: »Verarschen Sie mich nicht, sonst kauf ich Sie mir!«

Im ersten Moment passierte gar nichts. Er schaute bloß hin, kniff die Augen zusammen und hatte das merkwürdige Gefühl, daß die Pistole in seiner Hand zu schmelzen begann, als wäre sie aus purem Schnee. Dann hörte er ein Rascheln, ein Knistern, wie auf der Straße, als das Geräusch der blauen Daunenjacke in seinen Ohren dröhnte. Und nun war da wieder eine Daunenjacke, genauso blau, getragen von einer Frau, die genauso aussah wie die auf der Straße, wie die zwei, die am Tisch saßen, nur daß diese, die vor ihm stand, andere Augen hatte.

Er brachte keinen Ton heraus.

Ruth, daran erinnerte er sich, ihr Name war Ruth, das hatte Esther gesagt, oder Sarah, vorhin. Vorhin? Wann? Wer hatte gesprochen? Wer hatte das Geständnis abgelegt? Er atmete mit offenem Mund, Schweißtropfen liefen ihm über die Nase, er konnte sie auf den Lippen schmecken, das bin also ich, der so schmeckt, dachte er vage und schaute die Frau an, die jetzt ein Kopftuch trug. Wie die Frau, die er vom Auto aus beobachtet hatte und die dann verschwunden war.

»Wieso drei?« fragte er leise und schloß die Augen.

Und als er sie wieder öffnete, sah er, wie die beiden Frauen am Tisch ihn anlächelten, ein müdes, trauriges, fernes Lächeln, und er überlegte, wieso er die beiden jetzt sah und nicht die andere, die dritte, und wann er sich wieder umgedreht hatte. Ihm war schwindlig. Ihm war schlecht. Er wollte etwas trinken. *Aber der Sanitäter hatte nur Wasser, keinen Schnaps, und er hatte verboten, daß er seine Eltern sehen durfte, sie waren zugedeckt mit schwarzen Planen, wie die anderen, die mit der Gondel abgestürzt waren, und er verstand nicht, wieso, wieso stürzt eine Gondel ab und meine Eltern sitzen drin, wieso, er wollte Schnaps trinken, kein Wasser.* »Kein Wasser ...«, sagte er heiser, »haben Sie keinen Obstler oder Ouzo ...« Und dann hämmerte jemand gegen die Tür.

Mit voller Wucht wurde gegen die Tür geschlagen, und Esther stand auf – oder war es Sarah? – und ging hin.

»Hier ist Sven Gerke!«

»Kommen Sie rein, Herr Gerke«, sagte sie und öffnete die Tür. Das Treppenhaus war voll vermummter, schwerbewaffneter Männer.

»Ihr wartet hier«, sagte Gerke zu den Vermummten und zog die Tür hinter sich zu.

In der Küche zielte Braga auf einen leeren Stuhl. Sein

Gesicht war schweißüberströmt, und sein Hemd, das er unter der Lederjacke trug, klebte ihm naß am Körper.

»Nimm die Pistole runter!« sagte Gerke.

Braga drehte sich zu ihm um und mußte blinzeln, weil ihm der Schweiß in die Augen tropfte.

»Ich hab alles rausgekriegt, wie ich's gesgt hab! Mir macht niemand was vor! Sie haben die Männer erdrosselt, alle vier ... sie hat's gestanden ...«

Braga deutete auf die Frau, die am Tisch saß. Dann stutzte er. Drehte den Kopf und sah die Frau an, die jetzt neben Gerke stand.

»Die hat's gestanden, die da ...« Er meinte die Frau neben Gerke. »Sie haben versucht, mich zu täuschen, mit den Ringen, verstehst du? Siehst du irgendwo Ringe? Nein, da ist keiner, sie haben sie versteckt, damit wir nicht mehr wissen, wer wer ist!«

Er holte Luft, warf einen Blick in den Flur und zielte wieder auf den leeren Stuhl.

»Und die da, die gibt's nicht! Die ist ein Phantom, auf das ich nicht reinfall!«

»Spinnst du?« sagte Gerke und schaute erst den leeren Stuhl und dann seinen Kollegen an, dessen Gesicht so naß war, als hätte er es gerade gewaschen.

Braga richtete die Waffe wieder auf die Frau am Tisch.

»Das ist Sarah, die da!« Dann deutete er mit dem linken Zeigefinger auf die Frau neben Gerke. »Und das ist Esther, die da!«

»Nimm die Pistole runter, Josef!«

Braga zuckte mit den Schultern und richtete die Pistole auf Gerkes Stirn.

Gerke zog seine Waffe aus dem Holster und richtete sie auf Braga.

Sie standen sich direkt gegenüber: zwei Männer in blauen Jeans und schwarzen Lederjacken, knapp zwei Meter groß, der eine mit einem nach oben gezwirbelten Schnurrbart, der andere schweißgebadet, mit einem vereisten Grinsen im Gesicht.

Beide zielten mit ihrer Dienstpistole auf die Stirn des anderen.

Die Frauen schauten sie reglos an.

Eine Uhr tickte.

»Ich hab Helga heut morgen einen Heiratsantrag gemacht«, sagte Gerke.

»Selber schuld«, sagte Braga.

»Du bist mein Trauzeuge.«

»Davon weiß ich nichts.«

Dann war es wieder still, bis auf das Ticken der Uhr, die an der Wand des Geschirrschranks hing.

»Nimm die Pistole runter!« sagte Gerke zum dritten Mal.

»Sie wollten mich bluffen! Aber ich hab ihr Geheimnis rausgekriegt! Ich hab's geschafft! Ich weiß, was hier gespielt wird! Ruth existiert nicht!«

»Helga wünscht sich einen einfachen Ring aus Weißgold.«

»Verräter!« brüllte Braga, und Gerke schaute ihn überrascht an.

Dann gab es einen lauten Knall, die Wohnungstür flog aus den Angeln, vier vermummte Männer mit Maschinenpistolen stürmten herein, und überall war plötzlich Rauch. Zwei Schüsse krachten, jemand schrie, und die beiden Schwestern sprangen gleichzeitig unter den Tisch und umarmten einander fest.

Auf dem Boden lagen zwei Leichen mit ausgestreckten Beinen. Blut floß aus ihren Köpfen, und ihre Augen blickten starr zur Decke.

Jemand öffnete ein Fenster, und der Rauch zog langsam hinaus.

Niemand sagte etwas.

Von der Wand unter dem Fenster bis zur Türschwelle der vier Meter langen Küche reichten die Körper der beiden Toten, und ihre Schuhe berührten sich an den Sohlen. Die Männer lagen da, als wären sie hindrapiert worden, um auf makabere Weise den Raum zu vermessen.

Es roch nach verbranntem Fleisch.

Bei der eineinhalbstündigen Beerdigung von Josef Braga und Sven Gerke, die sich in derselben Sekunde gegenseitig erschossen hatten, faßten sich die Schwestern an den Händen, und die eine hielt ihren neuen schwarzen Schirm aufgespannt über beide.

Es regnete ununterbrochen.

Die Zwillinge wurden ständig fotografiert, und die Zeitungen an diesem Tag quollen über von Vermutungen und wüsten Spekulationen über das dunkle Leben der Wäschereibesitzerinnen.

Als der Priester am offenen Grab den letzten Segen sprach, klingelte das Handy von Kriminaloberrat Funkel. Er entfernte sich ein paar Schritte von der Trauergemeinde und nahm das Gespräch entgegen.

Auf dem Gelände des wegen Chlorverseuchung vorübergehend geschlossenen Cosimabades im Stadtteil Bogenhausen hatte ein Gärtner die Leiche eines Mannes entdeckt. Nach der ersten Untersuchung des Gerichtsmediziners war der Mann mit einer Drahtschlinge erdrosselt worden, vermutlich vor noch nicht einmal einer Stunde. In der Nähe des Fundorts wollte der Gärtner eine Frau mit einem Kopftuch bemerkt haben, die eilig davongelaufen war.

Sarah und Esther Klein hatten ein Alibi. Selbstverständlich.

Linda Grant

Lady Luck

Martha McGrath mußte eine Straßenecke vor ihrem Haus kurz verschnaufen. In letzter Zeit schien sie viel früher müde zu werden, aber was sollte man schließlich bei einer dreiundsiebzig Jahre alten Frau anderes erwarten: grauer Star, Arthritis, verschiedene Zipperlein und allgemein schmerzende Glieder – Altern war durchaus kein Vergnügen. Aber, wie ihre Freundin Janet immer wieder sagte, alt sein war immer noch besser als tot.

Die Einkaufstaschen waren heute schwerer als gewöhnlich, denn sie hatte sich von ihrer Schwester Alice überreden lassen, drei Dosen Suppe und ein halbes Dutzend Eier mitzubringen. Dabei wäre es viel logischer, wenn Alice einkaufen ginge, denn ihr sah man die dreiundsiebzig viel weniger an, und sie spielte ohne Anzeichen von Schwäche immer noch neun Löcher Golf. Aber irgendwie endete es immer damit, daß Martha die Besorgungen machte.

Sie schalt sich selbst. An einem so wunderschönen Tag wie heute war es einfach undankbar, sich über alles und jedes zu beklagen. Die Sonne wärmte ihren Rücken, es wehte eine zarte Brise, und die Obstbäume, die die Straße säumten, barsten vor rosa Popcornblüten. Es würde ein herrlicher Tag werden.

Heute fühlte sie sich glücklich. Sie war schon gut aufgewacht, die Arthritis in ihren Händen hatte sich ein wenig beruhigt, und sie hatte die Nacht gut durchgeschlafen. Das waren alles gute Vorzeichen, genau wie die Sonne und die blühenden Bäume. Und obendrein war auch noch Donnerstag, ihr Lieblingstag.

Der Montag war nett, weil sie da zum Frisör ging, und sie quatschte immer gern mit Berenice und den anderen Damen. Aber das einzige anständige Bingo-Spiel am Montag war eine halbstündige Busfahrt entfernt. Dienstag machte sie immer ihre winzige Wohnung sauber und besuchte die Bücherei. Manchmal ging sie dann zum Bingo in der Halle die Straße runter. Aber dort machte es wenig Spaß, denn Louise und Janet konnten den Ansager nicht ausstehen und kamen deshalb nur sehr selten. Mittwochs war Waschtag, den hatte sie noch nie leiden können. An diesem Tag bezahlte sie die Rechnungen oder beantwortete die Post, falls es welche zu beantworten gab. Manchmal ging sie zum Bingo.

Aber den Donnerstagabend ließ sie nie aus. Donnerstagabend veranstaltete die Seniorenallianz den Bingo-Abend, und die Ansager waren immer gut. Für das Donnerstagabend-Spiel reisten Leute aus der ganzen Bay Area an. Martha freute sich immer die ganze Woche darauf.

Gutgelaunt lief sie noch das letzte Stückchen und nahm den Aufzug zu ihrer Wohnung im zweiten Stock. Sie trug die Einkäufe hinein und stellte sie auf der Küchentheke ab, dann setzte sie sich erst einmal, um wieder zu Atem zu kommen.

Sie sah sich in dem überfüllten kleinen Raum um. Man

nannte das Funktionseinheit – wahrscheinlich, weil man jeden Zentimeter ausnutzen mußte, um darin einigermaßen funktionstüchtig zu bleiben.

Die Küche war in die eine Ecke gequetscht und die Haushaltsgeräte waren nur puppenstubengroß; ein kleiner Tisch mit vier Stühlen stand in einer anderen Ecke und ließ gerade noch Raum für ein kleines Sofa, einen Fernseher und ein Bücherregal. Das Schlafzimmer war sogar noch kleiner, und das Bad hatte die Ausmaße eines begehbaren Wandschranks. Aber, ermahnte sie sich, andere Menschen hatten noch nicht einmal das.

Heute war der Monatserste, und sie hatte im Laden ihr Horoskop mitgenommen. Sie zwang sich, zuerst die Einkäufe wegzuräumen, bevor sie das Blatt aus der kleinen Rolle fischte. Diese verdammten Dinger waren nicht für alte Damen mit Arthritis-Händen gemacht. Als erstes warf sie einen Blick auf das Monatshoroskop, danach würde sie die Wochenhoroskope lesen: *»Am Monatsanfang wirken unsichtbare Kräfte, denn Merkur tritt in Konjunktion zu Neptun. Es eröffnen sich viele neue Möglichkeiten, wenn er im Sextil zu Jupiter steht. Der gegenwärtige Plutotransit steht in Quadratur zu Ihrem Geburtsmond in der Jungfrau und verursacht bedeutsame Veränderungen bezüglich der häuslichen Sphäre und der Familie.«*

»Bedeutsame Veränderungen«, seufzte Martha. Die Horoskopschreiber formulierten alles immer so positiv, aber Martha wußte nur allzu gut, daß bedeutsame Veränderungen sowohl gute wie schlechte sein konnten. Ihr tägliches Horoskop hatte exakt für den Tag »bedeutsame Veränderungen« prophezeit, als Alice angerufen und ihr mitgeteilt hatte, sie wolle in die Oak Grove Seniorenwohnanlage ziehen, um ihrer »lieben« Schwester nahe zu sein.

Martha fühlte einen kurzen Stich Schuldbewußtsein, dann nur noch Ärger. Sie liebte Alice, aber sie empfand ihre Zwillingsschwester als reichlich anstrengend. Sie sah auf die Uhr über dem Ofen. Mit einem kleinen Achselzucken drehte sie das Horoskop um und las den kleinen Kasten für Donnerstag, den Ersten: *»Familienkonflikte können sich zu schweren Zerwürfnissen ausweiten. Setzen Sie sich durch, dann wird der Abend Ihnen Glück bringen.«*

Familienkonflikte waren ihr nicht neu. Das ganze Leben hatte sie damit zu tun gehabt. Der Gedanke, daß sie sich wieder einmal durchsetzen mußte, deprimierte sie. Bei Streitereien mit Alice schmolzen ihre Vorsätze, für ihre eigenen Interessen einzustehen, wie Schnee in der Sonne. Aber wenn ihr schon Glück vorausgesagt wurde, dann mußte es sich um Bingo handeln. Das hatte sie für heute sicher im Gefühl. Manchmal wußte man eben, wann man Glück haben würde. Sie konnte es kaum bis fünf Uhr abwarten.

Gerne hätte sie jemandem von der guten Nachricht erzählt, aber ihre Freundin Janet war heute in einem Kunstkurs, und ihrer Schwester konnte sie es auf keinen Fall erzählen. Alice hatte für Astrologie nichts als Verachtung übrig. »Wenn an dem Zeug irgend etwas dran wäre, könnten wir beide nicht so unterschiedlich sein«, hatte sie ihr mehr als einmal entgegengehalten. Martha hatte dann erklärt, daß minimale Unterschiede in den himmlischen Konfigurationen die allergrößten Auswirkungen haben konnten, und daß in den vierzig Minuten, die zwischen Alices und Marthas Geburt lagen, Alices Stier-Aszendent von Marthas Zwilling-Aszendent abgelöst worden sei. Aber Alice zog es vor, höhnisch zu grinsen anstatt zuzuhören, und Martha war klug genug, den Mund zu halten.

Martha beschloß, sich umzuziehen und die Zimmerpflanzen zu gießen. Sie stellte das Geschirr auf das Abtropfgestell und staubte das Bücherregal ab. Dann nahm sie den Aufzug zu Alices Wohnung.

»Du bist spät dran«, sagte Alice, als sie ihrer Schwester aufmachte. »Zwanzig Minuten zu spät.«

»Tut mir leid«, erwiderte Martha und schleppte die Einkäufe in die Küche. »Ich hab nicht auf die Zeit geachtet.« Sie sah sich in der Wohnung um und bewunderte mit einem kleinen Anflug von Eifersucht ihre Größe und die schöne Einrichtung. Alice hatte eine separate Küche und einen großen Wohnraum, der genug Platz für den wunderbaren Mahagoni-Eßtisch ihrer Eltern und für eine komplette Polstergarnitur bot. Das Schlafzimmer war groß genug für ein Doppelbett, und das Bad hatte sowohl eine Wanne als auch eine Duschkabine.

»Ich hab das Mittagessen für dich warmgehalten«, beschwerte sich Alice.

Da das Mittagessen meistens aus Thunfischbroten und Dosensuppen bestand, fand Martha die Beschwerde übertrieben. »Es ist so wunderschönes Wetter. Wollen wir nicht auf dem Balkon essen?« schlug sie vor.

»Viel zu kalt«, antwortete Alice.

Martha ignorierte sie und öffnete die Glasschiebetür. Sie trat auf den Balkon, seufzte und genoß voll Wohlbehagen die spektakuläre Aussicht auf San Franzisko. Die Bay leuchtete heute intensiv hellblau wie ein Märchenzauberreich aus der Entfernung herüber.

Wie konnte sich Alice nur über das bißchen Wind beschweren, mit dieser ganzen Schönheit direkt vor ihrer Nase? Sie hatte alles, was man sich wünschen konnte, aber sie war niemals zufrieden.

Martha preßte den Mund zu einem dünnen Strich zusammen, als sie sich an ihre Kindheit erinnerte. Aus ihr unerfindlichen Gründen war immer sie für alles verantwortlich gemacht worden, was schieflief. Mit einer Zwillingsschwester wie Alice lief vieles schief. Einmal zum Beispiel hatte der Nachbar Alice vom Hof gejagt, und sie war zurückgeschlichen und hatte alle seine Dahlien und Petunien herausgerissen. Dann hatte sie der Mutter erzählt, es sei Martha gewesen.

Alice hatte früh begriffen, daß sie nur ein Riesentheater machen mußte, damit sie bekam, was sie wollte. Und Martha hatte in den langen Jahren begriffen, daß es nicht lohnte, sich dagegen aufzulehnen. Sie erinnerte sich immer noch an diesen wunderbaren rosafarbenen Pullover mit der Perlenstickerei, den sie mit fünfzehn besessen hatte. Es war das einzige Kleidungsstück, das sie Alice partout nicht ausleihen wollte. Eines Morgens fand sie ihn schmutzig und zerrissen im Rinnstein vor dem Haus. Natürlich hatte Alice geschworen, daß sie den Pullover nicht angerührt habe.

Martha runzelte die Stirn, als sie die zwei verzierten Blumenkästen am Balkongeländer entdeckte. Sie war ganz sicher, daß sie von der Veranda des Elternhauses stammten. Das Haus gehörte ihnen beiden, aber es wäre Alice nie in den Sinn gekommen, Marthas Einverständnis einzuholen, wenn sie etwas in ihren Privathaushalt mitnahm. Aber es lohnte sich nicht, darüber Streit anzufangen. Lieber konzentrierte sie sich auf die Aussicht. Sie trat ans Geländer, und als sie sich dagegenlehnte, spürte sie, daß es unter ihrem Gewicht nachgab.

»Dein Balkongeländer wackelt an der Seite«, rief sie Alice zu, die plötzlich in der Tür stand.

»Ich weiß«, antwortete Alice. »Ich hab die Hausverwaltung schon angerufen deswegen.«

Martha konnte sich die Unterhaltung sehr gut vorstellen. Alice hatte ein scharfes Auge für Unvollkommenheit und ein noch schärferes Mundwerk. Sie rief wegen jeder durchgebrannten Glühbirne bei der Hausverwaltung an.

»Wenn du schon hier draußen essen willst, dann könntest du mir wenigstens dabei helfen, das Geschirr rauszutragen«, sagte Alice.

Natürlich bestand das Mittagessen aus Thunfischbroten, Tomatensuppe und dünnem Eistee. Sie hatten kaum mit dem Essen angefangen, da hielt Alice Martha ihre rechte Hand mit einem beeindruckenden Ring unter die Nase. »Ich habe Mutters Diamanten zu einem Abendschmuck umarbeiten lassen. Sieht er nicht wunderhübsch aus?«

»Sehr hübsch«, antwortete Martha und hätte sich fast verschluckt. Mutters Ring hatte ihr gehört, aber Alice hatte sich angestellt, gebettelt und beleidigt geguckt, bis Martha ihr erlaubt hatte, den Ring zu behalten. Es kränkte sie immer noch, daß Alice die Hälfte der Erbschaft bekommen hatte. Als entschieden werden mußte, wer die Eltern pflegte, hatte Martha alle Pflichten auf sich genommen, aber als es darum ging, wie das Erbe aufgeteilt wurde, hatte Alice mehr als nur die Hälfte bekommen.

»Apropos, das Haus ...« begann Alice.

»Nein«, sagte Martha eine Spur zu laut. »Ich will nicht darüber reden. Ich habe dir bereits gesagt, daß ich nicht zustimmen werde, Mutters Haus zu verkaufen.«

Alice starrte sie ärgerlich an. »Du bist in dieser Frage sehr egoistisch.«

»Wir haben Mutter versprochen, daß Tante Clara in dem Haus leben darf, solange sie dazu in der Lage ist«, sagte Martha.

»Ich bin sicher, daß sie nicht gedacht hat, daß Tante Clara einundneunzig Jahre alt werden würde«, sagte Alice. »Außerdem hat Mutter gesagt, so lange sie dazu in der Lage ist. Und ich habe den Eindruck, daß sie inzwischen zu hinfällig ist, um dort allein zu leben.«

»Das stimmt doch überhaupt nicht«, sagte Martha. »Und erzähl mir nichts über Egoismus. Du willst ja das Haus bloß verkaufen, damit du das Geld kriegst. Dir ist Tante Clara ganz egal.«

»Und dir ist deine Familie egal. Ich brauche das Geld. Ich habe eine Menge Ausgaben. Außerdem hat mein Steuerberater gesagt, daß wir bei Aktien eine höhere Rendite erzielen als bei Immobilien. Schließlich geht es um das Erbe für meine Kinder. Wenn ich dir schon gleichgültig bin, könntest du wenigstens an sie denken.»

Dazu hätte man ganze Opern erzählen können. Martha hätte nicht gewußt, wo sie anfangen sollte. Zum einen besaß Alice ein beträchtliches Vermögen. Und was die Nichte und den Neffen anbetraf, hatten die sich ab dem Moment nicht mehr um ihre Tante bemüht, als sie kapierten, daß Marthas bescheidenes Einkommen auch nur bescheidene Geschenke für sie zuließ. Clara dagegen war wie eine zweite Mutter zu ihr gewesen. »Nein«, sagte sie, »ich habe dir das schon mehrmals gesagt, bei dieser Sache werde ich meine Meinung nicht ändern. Diesmal wirst du deinen Kopf nicht durchsetzen.«

Alice starrte sie über den Tisch hinweg an. Martha starrte zurück und wappnete sich schon für die Streit- und Schmeichelorgie, die mit tödlicher Sicherheit folgen würde.

Aber Alice legte einfach nur die Serviette auf den Tisch und begann abzuräumen. Sie brachte zwei Schälchen mit Vanille-Eis und fing an, über ihre Ferienpläne zu reden.

Martha war ganz sicher, daß das Gespräch sich wieder dem Haus zuwenden würde. Alice war mehr Stier als Zwilling. Wenn sie sich irgend etwas in den Kopf gesetzt hatte, würde sie nicht davon ablassen.

Aber zu Marthas Überraschung kam sie nicht wieder darauf zurück. Statt dessen schlug sie vor: »Laß uns doch heute ins Kino gehen. Im Piedmont läuft eine neue Komödie, für die sie im Fernsehen Werbung gemacht haben.«

Martha schüttelte den Kopf: »Ich habe schon etwas anderes vor.«

»Bingo?«

Martha war immer wieder überrascht, wieviel Verachtung man in zwei kleine Silben packen konnte. »Ich gehe immer Donnerstagabend. Außerdem ist heute mein Glücksabend.« Kaum war der Satz ausgesprochen, ärgerte sie sich, daß sie ihn gesagt hatte.

»Also wirklich, Martha.« Das war der gleiche überlegene Ton, den ihre Mutter angeschlagen hatte. Martha hatte noch im Ohr, wie Alice in diesem Tonfall mit ihren Puppen gesprochen hatte. Sie biß die Zähne zusammen. »Du bist dermaßen abergläubisch. Das ist bloß eine Entschuldigung dafür, daß du dein Leben nicht selbst in die Hand nimmst. Ich bin davon überzeugt, daß jeder selbst seines Glückes Schmied ist.«

Martha war schon aufgefallen, daß häufig genau die Leute, die nicht an Glück glaubten, immer besonders viel Glück hatten. Es schien fast so, als gäbe es einen Zusammenhang zwischen außergewöhnlichem Lebensglück und fehlendem Bewußtsein für diese Tatsache. Alice gehörte zu dieser Kategorie Menschen. Glücklich geboren, hatte sie das Glück für alle beide abgeräumt. Es war schließlich schieres Glück gewesen, daß Alices Ehemann wieder aus dem Krieg heimgekehrt und Marthas in Frankreich gefallen war.

Ganz zu schweigen von anderen glücklichen Umständen. Wie sonst sollte man es nennen, als Alices Ehemann genau drei Tage, nachdem er seine Scheidungsabsicht angekündigt hatte, an einem Herzinfarkt starb? Al wollte sie am Montag verlassen. Donnerstagabend war er tot, und seine neue Flamme ging leer aus, während Alice das gesamte Vermögen erbte. Wenn das kein Glück war.

Natürlich war es viel gerechter so. Viel gerechter als die Tatsache, daß Alice die Hälfte der elterlichen Erbschaft bekommen hatte, obwohl Martha die Eltern zwanzig Jahre lang gepflegt hatte. Das bestärkte erneut Marthas Vorsatz, sich nicht zum Verkauf des Hauses überreden zu lassen.

»Bingo ist eine Form von Glücksspiel«, sagte Alice. »In einem Artikel in ›Heim und Garten‹ stand, daß Glücksspiel genauso eine Krankheit ist wie Alkoholismus. Es ist eine Sucht.«

»Du verstehst das einfach nicht«, widersprach Martha müde. »Ich gehe nicht nur hin, weil ich Geld gewinnen möchte. Es ist eine Art von organisierter Geselligkeit. Eine Gelegenheit, Freunde zu treffen.«

»Wetten, daß ein Alkoholiker das gleiche über eine Bar sagen würde?«

Wie unsere Mutter, dachte Martha. Ihr konnte man nie etwas erzählen. Wegen Mutter hatte sie auch damit begonnen, regelmäßig zum Bingo zu gehen. Erst als Clara einzog, konnte sie sich endlich eine eigene Wohnung nehmen. Davor war Bingo die einzige Möglichkeit für sie gewesen, das Haus zu verlassen, sich ein wenig zu entspannen und zu vergnügen. Das würde Alice nie begreifen. Sie hatte nie länger als einen Nachmittag und Abend auf Mutter aufgepaßt.

Alice sprach immer noch. Sie war mitten in ihrer Glücksspiel-als-Form-moralischer-Schwäche-Predigt. Jesus Maria, dachte Martha, was ein Pech, daß man sich seine Verwandten nicht selbst aussuchen kann.

»Du hörst überhaupt nicht zu«, beklagte sich Alice.

»Wir haben das schon ein paar Mal durchgekaut. Du willst das einfach nicht verstehen.«

»Meinst du? Gut, dann komme ich eben mit. Wenn du nicht ins Kino gehen willst, spiel ich eben Bingo mit dir.«

»Ich sehe nicht ein, warum wir um fünf schon dasein müssen, wenn das Spiel erst um halb sieben anfängt«, beklagte sich Alice.

»Weil ich meinen Lieblingsplatz bekommen will. Ich stehe ungern für meine Karten an, und ich will noch ein wenig mit meinen Freundinnen schwatzen.«

Alice sah sich skeptisch im Saal um. »War das nicht früher ein Supermarkt?« fragte sie.

»Gut möglich«, antwortete Martha, ging voran zu einem Stuhl am drittletzten Tisch und legte ein Paket Karten vor sich hin. Sie kippte die nächsten beiden Stühle an den Tisch, um sie für Janet und Louise zu reservieren. Dann nahm sie ihre dicken Leuchtfarbenfilzstifte aus der Tasche und arrangierte sie oberhalb der Karten, blau, rosa und purpur. Sie überlegte, ob sie einen neuen Leuchtstift kaufen sollte, vielleicht einen grünen.

»Was sind das für Sachen?« fragte Alice, wobei es ihr gelang, den einfachen Satz wie Kritik klingen zu lassen.

»Du meinst die Filzstifte. Damit markiert man die Zahlen, die aufgerufen werden.«

»Und warum brauchst du drei davon?«

Martha würde diese Frage nicht beantworten. Sie konnte sich Alices Reaktion vorstellen, wenn sie ihr erzählen würde, daß manchmal bestimmte Farben mehr Glück brachten als andere. Sie fischte einen kleinen Hund aus Keramik aus der Tasche und setzte ihn vor den Filzstiften auf den Tisch. Sie hoffte, Alice würde das nicht bemerken.

»Und wozu ist das gut?«

»Das ist mein Glückshund«, sagte Martha, und versuchte, in die Antwort einen herausfordernden Ton zu legen. Aber Alice hielt zur Abwechslung einmal den Mund. Martha hatte erwogen, den Hund zu Hause zu lassen, aber er war ein Geschenk von Janet, und er hatte ihr gleich am ersten Tag, als sie ihn bekommen hatte, Glück gebracht. Sie würde sich diesen Abend nicht verderben lassen. Martha ging zur Theke und kam mit einer großen Cola und Tortillachips mit Käse-Dip zurück.

»Möchtest du etwas davon?« fragte sie ihre Schwester.

Alice war schockiert. »Dieses Zeug ist ganz schlecht für dich. Das ist das reinste Cholesterin, und es macht fett.« Genausogut hätte sie darauf hinweisen können, daß Martha zwar gut zwei Zentimeter kleiner war, aber gute dreißig Pfund schwerer.

Martha preßte die Lippen zusammen und knirschte so heftig mit den Zähnen, daß es sie schmerzte.

»Ist das die Raucherecke?«

»Ja.«

»Müssen wir denn hier sitzen? Du weißt doch, daß Passivrauchen genauso schädlich ist, als hätten wir die Zigarette selbst geraucht.«

Martha war nicht gerade scharf auf Zigarettenqualm, aber Janet rauchte, also saß sie in der Raucherecke. Heute hätte sie sich aber auf jeden Fall hierher gesetzt, egal, ob Janet noch auftauchte oder nicht. Sie überlegte, ob sie Julie Grayson an ihre Seite bitten sollte, die rauchte sogar Kette, aber dann entschied sie sich doch dagegen.

Martha hatte Alice außen plaziert, damit sie auf der anderen Seite ungestört mit Janet und Louise plaudern konnte, aber die Anwesenheit ihrer Schwester dämpfte das Vergnügen beträchtlich. Martha konnte den anderen nicht alles über ihr Horoskop erzählen, und Alice stellte weiterhin dumme Fragen und jammerte über den Zigarettenqualm.

»Schaut euch bloß diese fette Frau in dem Pailletten-Cape dort drüben an, sieht die nicht albern aus?«

Die anderen sahen sie zuerst verwirrt und dann irritiert

an. Die Frau im Cape war Clarice, eine von den Stammgästen, und das Cape war ihr Glücksbringer. Sie hatte es an dem Abend getragen, als sie zwei Spiele nacheinander gewonnen hatte. Nach dem zweiten gewonnenen Spiel hatte sie für den gesamten Tisch Cola und Popcorn spendiert.

Das Gespräch wurde noch schwieriger, als einer der Helfer vorbeikam und Rubbellose verkaufte. Alice wollte wissen, was das sei. Martha kaufte fünf Ein-Dollar-Lose und zehn für je fünfzig Cent.

»Du kratzt die Oberfläche von den fünf Quadraten ab, und unter jedem sind kleine Bilder.« Sie kratzte ein Los ab und erhielt eine Reihe mit einem Paar Kirschen, einer Orange und einem Diamanten.

»Das bringt noch nichts«, sagte sie. Dann kratzte sie das nächste Bildchen frei und das übernächste. Unter dem letzten erschienen drei Paar Kirschen. Martha lächelte.

»Das ist einen Dollar wert.«

»Das ist ja das gleiche wie ein Spielautomat, nur auf Papier«, nörgelte Alice. »Außerdem hast du gerade einen Dollar dafür gezahlt, daß du einen Dollar gewinnen kannst.«

Martha merkte, daß sie wieder mit den Zähnen knirschte, und sie versuchte, ihre Kinnmuskeln zu entspannen. »Das stimmt schon, aber wenn du drei Diamanten hast, dann gewinnst du zweihundertfünfzig Dollar.«

»Ich wette, daß das nicht allzu oft passiert.«

Endlich kündigte der Ansager das erste Aufwärmspiel an. Alice entschied sich in letzter Sekunde zum Mitspielen und raste los, um einen Stapel Karten zu erwerben. Martha bemerkte befriedigt, daß sie eine lange Schlange vor sich hatte.

Nach dem vierzehnten Spiel war Martha klar, daß Alice nicht nur ihren Abend ruiniert, sondern ihr zudem nur Pech gebracht hatte. Sie hatte bislang noch kein einziges Spiel gewonnen und fünfzehn Dollar für Rubbellose ausgegeben. Dabei war sie nicht einmal in Reichweite eines größeren Gewinns gekommen. Der Ansager rief das letzte Spiel auf. Sie nahm die letzten fünf Dollar aus der Geldbörse und hielt sie hoch.

»Rubbellose«, rief sie. Der Helfer kam zu ihr herüber.

Alice nahm einen Dollar aus ihrer Tasche und sagte: »Ach zum Teufel, ich nehm auch eines.«

Noch bevor Martha protestieren konnte, daß sie schließlich zuerst gefragt hatte, gab der Helfer Alice das oberste Los. Für Martha zählte er die nächsten fünf ab.

»Das ist mein Los«, sagte Martha und streckte die Hand aus. »Ich hab zuerst danach gefragt.«

»Blödsinn, ich hab's zuerst gekriegt.« Alice drehte ihr den Rücken zu und begann, ihre Bildchen freizurubbeln. Sie quietschte auf.

»Sieh dir das an. Ich hab drei Diamanten.« Sie hielt das Los hoch, so daß Martha es sehen konnte. »Ich habe den Jackpot«, jubelte sie.

Die anderen drehten sich zu Alice um und gratulierten ihr. Martha saß wie angewurzelt. »Das war meine Karte«, murmelte sie.

»Siehst du, ich hab dir doch gesagt, daß jeder seines eigenen Glückes Schmied ist. Sei kein Spielverderber«, sagte Alice.

Martha starrte ihre Schwester an, und es ging ihr zum ersten Mal auf, daß das Glücksversprechen ihres Horoskops genauso auf ihre Zwillingsschwester zutraf. Alice hatte recht: Martha hatte sich ihr Pech selbst organisiert, indem sie Alice mitgebracht hatte.

»Guck nicht so trübsinnig«, sagte Alice. »Ich weiß, was dich aufheitern wird. Zu Hause habe ich einen Schokoladenkuchen. Wir können ihn mit Eiscreme essen.«

Martha schüttelte den Kopf. Sie wagte noch immer nicht, den Mund zu öffnen.

»Jetzt sei nicht beleidigt. Ich habe den Kuchen extra für dich gekauft, damit wir ihn nach dem Kino essen können.«

Martha lehnte drei weitere Male ab, bevor sie endlich entschied, daß es einfacher war, den verdammten Kuchen zu essen, als sich weiter Alices Gequängel anzuhören.

Der Polizist betrachtete aufmerksam die alte Frau, die auf dem Sofa saß. Sie hatte ein Taschentuch an den Mund gepreßt und starrte benommen auf die offene Tür zum Balkon.

»Können Sie mir erzählen, was passiert ist?« fragte er zum zweiten Mal.

Die Frau blickte sich für einen Moment verwirrt im Zimmer um, dann drehte sie sich in seine Richtung.

»Ich habe es gerade dem anderen Polizisten erklärt«, sagte sie ruhig. »Wir wollten auf dem Balkon unseren Kuchen essen. Wir haben die Teller hinausgebracht, und gerade, als wir uns hinsetzen wollten, hat Alice gesagt, sie würde einen Satelliten sehen. Ich hab nach oben geschaut, und da ist sie gestolpert und hat das Gleichgewicht verloren. Sie ist ziemlich schwer auf mich gefallen, und ich konnte mich gerade noch seitlich am Blumenkasten festhalten. Aber sie ist nach vorn gestürzt, direkt auf das Geländer.«

Der Polizist nickte. Er hatte das Geländer inspiziert. Der Rost hatte es schon etwas mürbe gemacht, aber außerdem fehlte eine Befestigung.

»Sie haben meinem Kollegen gesagt, daß Sie bereits wußten, daß das Geländer an der Seite unsicher war«, sagte er.

»Ja, ich habe es erst heute morgen bemerkt. Alice war nicht sehr beunruhigt darüber, ja, und ich, ich habe es dann vergessen, bis ...« Sie mußte mehrmals schlucken und zog die Nase hoch, wobei sie gleichzeitig das Taschentuch vor den Mund preßte.

Der Polizist wollte gerade die nächste Frage stellen, als er von einem langen rothaarigen Kollegen unterbrochen wurde.

»Ich habe gerade mit dem Hausmeister gesprochen«, sagte der zweite Polizist. »Anscheinend wußte er schon von dem Problem mit dem Geländer, weil er letzte Woche zwei Blumenkästen daran befestigt hat. Er hat zu Protokoll gegeben, daß er dreimal einen Termin für die Reparatur vereinbart hat, aber jedesmal habe die Dame ihm dann wieder abgesagt.«

Martha stand auf und sah die beiden Polizisten verwirrt und besorgt an. »Alice hat niemals Reparaturen hinausgeschoben«, sagte sie.

»Das hat der Hausmeister auch gemeint«, entgegnete der rothaarige Polizist.

Die Polizisten wechselten einen Blick, den Martha nicht zu deuten wußte; dann drehte sich der erste wieder zu ihr. »Ich würde sagen, Sie haben Glück gehabt, gnädige Frau«, sagte er. »Sehr viel Glück.«

Aus dem Amerikanischen von Gabriele Dietze

Lawrence Block

Kellers Horoskop

Keller stieg Ecke Bleecker und Broadway aus dem Taxi. Es war einfacher, als dem haitianischen Taxifahrer zu erklären, wo die Crosby Street war. Sogar einheimische New Yorker hatten oft Schwierigkeiten, genau zu sagen, wo sie sich befand. Sie war die erste Parallelstraße östlich vom Broadway und ging nur von einer Kreuzung bis zur nächsten. Der Straßenzug hatte nichts Bemerkenswertes an sich. Die Gegend war NoHo getauft worden, in der Hoffnung, daß hier das nächste SoHo entstehen würde, aber Keller vermutete, daß es damit noch eine ganze Weile dauern würde. Sonst hätte sich Maggie hier wohl kaum eine Wohnung leisten können.

Keller ging zu ihrer Wohnung, einer Fabriketage in einem früheren Lagerhaus mit einer nicht gerade einladenden Fassade. Mit dem Aufzug fuhr er hoch in den dritten Stock. Sie erwartete ihn in einem schwarzen Leinenkleid, wie man es aus Wildwestfilmen kennt. Gemeinhin nannte man so ein Kleid eine Kittelschürze, vielleicht, weil es so lang geschnitten war, daß man sich damit den Staub vom Leib hielt. Maggie war eine kleine Frau – *elfenhaft*, hatte er sich überlegt, war ein Ausdruck, der zu ihr paßte –, und bei ihr schleifte die Kittelschürze auf dem Boden.

»Überraschung«, sagte sie und riß das Kleid vorn auf. Darunter trug sie nichts außer der nackten Haut.

*

Keller hatte Maggie Griscomb in einer Kunstgalerie kennengelernt. Seither hatte er sich in unregelmäßigen Abständen immer wieder mit ihr getroffen. Kürzlich hatte Dot auf eine flüchtige Bemerkung von ihm gefragt, ob er mit jemandem zusammen sei. Er wußte im ersten Moment nicht, was er antworten sollte. War er mit Maggie zusammen? Schwer zu sagen.

»Es ist keine feste Beziehung«, erklärte er.

»Keller, so etwas wie feste Beziehungen gibt es nicht.«

»Die Sache ist die«, sagte er, »daß sie es so will. Wir treffen uns höchstens einmal in der Woche, manchmal noch seltener. Und wir gehen zusammen ins Bett.«

»Ihr geht vorher nicht einmal essen?«

»Ich habe es ein paarmal vorgeschlagen, aber sie will nicht. Sie ist ziemlich dünn. Wahrscheinlich ißt sie nicht viel. Vielleicht kann sie nur essen, wenn sie allein ist.«

»Du wärst überrascht, wie vielen Leuten es so mit Sex geht«, sagte Dot. »Aber ich muß schon sagen, sie klingt wie der sprichwörtliche Traum jeden Seemanns. Hat sie ein Whiskygeschäft?«

Sie war eine gescheiterte Malerin, die sich als Schmuckmacherin ein neues Leben aufbaute. »Der letzten Frau in deinem Leben hast du Ohrringe geschenkt«, erinnerte ihn Dot. »Die hier macht sich ihre eigenen. Was willst du ihr eigentlich schenken?«

»Nichts.«

»Das nenne ich sparsam. Keine Geschenke, und zum Essen einladen mußt du sie auch nicht, also, ich kann mir nicht vorstellen, daß diese Frau dich in den finanziellen Ruin treiben wird. Darfst du ihr wenigstens Blumen schikken?«

»Das habe ich schon gemacht.«

»Na, aber so etwas kann man doch öfter machen, Keller. Das ist einer der Vorteile von Blumen. Die kleinen Scheißdinger verwelken, damit man sie rauswerfen kann und wieder Platz für frische hat.«

»Die Blumen haben ihr gefallen«, sagte er, »aber sie hat gesagt, einmal sei genug. Mach das nicht noch mal, hat sie gesagt.«

»Weil sie alles ganz locker halten will.«

»So ungefähr.«

»Keller«, sagte sie, »eins muß ich dir lassen: Du hast ja nicht gerade viele Frauengeschichten, aber wenn, dann suchst du dir die ganz speziellen aus.«

*

»Das war wirklich heftig«, sagte Maggie. »Bilde ich mir das nur ein, oder haben wir gerade etwas ziemlich Weltbewegendes erlebt?«

»Ganz weit oben auf der Richterskala«, sagte er.

»Hab ich mir schon gedacht, daß es heute nacht besonders wird. Morgen ist Vollmond.«

»Heißt das, wir hätten warten sollen?«

»Nach meiner Erfahrung«, sagte sie, »spüre ich es am Tag *vor* dem Vollmond am stärksten.«

»Was spürst du?«

»Den Mond.«

»Aber was fühlst du genau? Wie merkst du, daß der Mond dich beeinflußt?«

»Ich werde unruhig. Stärker von Stimmungen abhängig. Alles wird irgendwie intensiver. Wie bei allen Menschen, nehme ich an. Wie ist es bei dir, Keller? Was kriegst du vom Mond mit?«

Soweit Keller das sagen konnte, kriegte er vom Mond mit, daß der Himmel ein bißchen heller war. In der Stadt mit den vielen Straßenlichtern, die für genügend Beleuchtung sorgten, achtete er kaum auf den Mond. Würde er einfach vom Himmel gestohlen, dann fiele es ihm wahrscheinlich nicht einmal auf. Neumond, Halbmond, Vollmond – nur wenn er ihn manchmal zwischen den Gebäuden erblickte, bemerkte er, in welcher Phase sich der Mond gerade befand.

Maggie achtete anscheinend mehr auf den Mond, und für sie hatte er wohl auch eine größere Bedeutung. Nun, wenn der Mond etwas mit der Leidenschaft zu tun hatte, die sie gerade genossen hatten, dann war er froh und dankbar, daß er am Himmel hing.

»Außerdem«, sagte sie, »steht in meinem Horoskop, daß Sex bei mir gerade im Vordergrund steht.«

»In deinem Horoskop.«

»Ja.«

»So was machst du? Ich meine, du liest jeden Morgen dein Horoskop?«

»Du meinst, in der Zeitung? Na, ich würde nicht behaupten, daß ich es mir nie anschaue, aber wenn ich Rat suche, würde ich mich nie auf ein Horoskop aus der Zeitung verlassen. Da kann ich mir ja gleich von Ann Landers erzählen lassen, daß ich Petting machen muß, wenn ich bei den Jungs ankommen will.«

»Wenn wir schon beim Thema sind«, erwiderte er, »es ist sicher kein absolutes Muß, aber was kann es schon schaden?«

»Und wer weiß«, sagte sie und legte die Arme um ihn, »vielleicht macht es mir ja sogar Spaß.«

Nach einer Weile sagte sie: »Die Horoskope in der Zeitung sind witzig, wie *Peanuts* oder *Doonesbury*, aber sie sind nicht besonders genau. Ich habe mir mein Horoskop ausrechnen lassen, und einmal im Jahr gehe ich hin zum Auffrischen. So weiß ich immer ungefähr, auf was ich mich in den nächsten zwölf Monaten einstellen muß.«

»Glaubst du das alles?«

»Astrologie? Na, das ist wie Schwerkraft, oder?«

»Es verhindert, daß alles ins Weltall fliegt?«

»Es funktioniert, egal ob ich daran glaube oder nicht«, sagte sie. »Also kann ich mich auch darauf einlassen. Ich glaube eh an alles.«

»Auch an den Weihnachtsmann?«

»Und an meinen Schutzengel. Nein, ich glaube an den

ganzen esoterischen Kram, so was wie Tarot und Numerologie, Handlesen und Phrenologie und –«

»Was ist das denn?«

»Beulen und Dellen am Kopf«, erklärte sie und legte ihm die Hand auf den Schädel. »Du hast auch ein paar.«

»Ich habe Beulen am Kopf?«

»Ja, aber frag mich jetzt nicht, was sie bedeuten. Ich war noch nie beim Phrenologen.«

»Würdest du das machen?«

»Zu einem Phrenologen gehen? Klar, wenn mir jemand einen guten Tip gibt. Bei diesen ganzen Sachen gibt es immer Berater und Heiler, die besser sind als andere. Es gibt natürlich richtige Betrüger, die wirklich nur eine Schau abziehen. Aber auch sonst gibt es ziemlich große Unterschiede. Manche Leute haben es einfach raus, und andere stümpern eben so vor sich hin. Aber das ist bei jedem Beruf so, stimmt's?«

Bei seinem Beruf war es eindeutig so.

»Aber ich verstehe nicht«, sagte er, »wie das alles funktionieren soll. Was macht es denn für einen Unterschied, wie die Sterne bei deiner Geburt stehen? Wo soll es denn da einen Zusammenhang geben?«

»Ich verstehe auch nicht, wie es funktioniert«, sagte sie, »oder warum es so ist. Warum geht das Licht an, wenn ich den Schalter anknipse? Warum werde ich feucht, wenn du mich berührst? Es ist alles ein großes Geheimnis.«

»Aber doch nicht Beulen am Kopf, Mann. Tarotkarten vielleicht.«

»Für manche Menschen ist es nur eine Möglichkeit, ihrer Intuition freien Lauf zu geben«, sagte sie. »Ich kannte mal eine Frau, die konnte Schuhe lesen.«

»Die Etiketten? Das kapier ich nicht.«

»Sie hat sich ein Paar Schuhe angesehen, das man eine Weile getragen hat. Dann konnte sie einem etwas über einen selbst sagen.«

»Du brauchst Einlegesohlen, oder so was.«

»Nein, daß man sich zu einseitig ernährt, oder daß man die weibliche Seite seiner Persönlichkeit mehr betonen soll, oder daß die Beziehung, in der man steckt, einem die eigene Kreativität nimmt. So was in der Richtung.«

»Das alles durch einen Blick auf die Schuhe. Und das kapierst du?«

»Was heißt schon kapieren? Also, hast du schon mal was von Ganzheitlichkeit gehört?«

»Daß man braunen Reis essen soll?«

»Nein, das hat mehr mit Vollwerternährung zu tun. Ganzheitlichkeit ist das Prinzip, daß im Mikrokosmos jeder Körperzelle das Leben in seiner Ganzheit steckt. Deshalb geht dein Kopfweh weg, wenn dir jemand die Füße massiert.«

»Kannst du das?«

»Na, ich nicht, aber eine Fußzonenreflexmasseurin könnte es. Deshalb schaut sich eine Handleserin deine Handflächen an und sieht darin reale Gegebenheiten, die nichts mit den Händen zu tun haben. Sie haben sich dort abgezeichnet, ebenso in deiner Iris und den Beulen an deinem Kopf.«

»Und in deinen Absätzen«, sagte Keller. »Ich habe mir schon mal aus der Hand lesen lassen.«

»Wirklich?«

»Vor ein oder zwei Jahren. Ich war auf einer Party, und sie hatten zur Unterhaltung eine Handleserin eingeladen.«

»Wahrscheinlich war sie nicht besonders gut, wenn sie auf Partys auftrat. Was kam dabei heraus, als sie dir aus der Hand gelesen hat?«

»Sie hat mir nichts gesagt.«

»Ich dachte, du hättest dir aus der Hand lesen lassen.«

»Ich wollte schon. Aber sie nicht. Ich habe mich zu ihr an den Tisch gesetzt und ihr meine Hand gezeigt. Sie hat sie sich gründlich angeschaut und sie dann weggeschoben.«

»Das ist furchtbar. Du hast sicher einen ziemlichen Schrecken gekriegt.«

»Warum denn?«

»Sie könnte ja in deiner Hand gelesen haben, daß du bald sterben wirst.«

»Einen Moment lang habe ich mir das schon überlegt«, gab er zu. »Aber ich habe mir gedacht, sie schauspielert nur, und daß das zur Show gehört. Ich war ein bißchen nervös, als ich das nächste Mal in ein Flugzeug gestiegen bin –«

»Kann ich mir vorstellen.«

» – aber es war ein ganz normaler Flug, und das Leben ist weitergegangen, und nichts ist passiert. Ich habe es fast vergessen. Ich könnte dir nicht mal sagen, wann ich das letzte Mal daran gedacht habe.«

Sie streckte die Hand aus. »Laß mich sehen.«

»Wie?«

»Gib mir deine Hand. Laß uns doch mal sehen, was die Dame so in Aufregung versetzt hat.«

»Du kannst handlesen?«

»Nicht richtig, aber ich kann ein paar laienhafte Brokken Ahnung zu diesem Thema vorweisen. Jetzt zeig mal her – ich will gar nicht zu viel wissen, sonst gefährdet das unsere lockere Beziehung. Das ist die Kopflinie, das die Herzlinie, hier ist deine Lebenslinie. Keine Ehelinien. Okay, du hast erzählt, daß du nie verheiratet warst, und deine Hand verrät mir, daß du nicht gelogen hast. Also, ich kann hier nichts entdecken, weshalb ich dir nicht zuraten sollte, auf lange Sicht zu planen.«

»Da bin ich erleichtert.«

»Aber ich wette, ich weiß, was sie erschreckt hat. Du hast einen Mörderdaumen.«

*

Keller war mit seiner Briefmarkensammlung zugange, und immer wieder erwischte er sich dabei, wie er seinen Daumen anschaute. Da war er und arbeitete mit dem Zeigefinger zusammen, hob eine Lasche, nahm einen durchsichtigen Umschlag und hielt das Vergrößerungsglas. Da war es, sein persönliches Kainsmal. Sein Mörderdaumen.

»Es geht um diese spezielle Art, wie dein Daumen geformt ist«, hatte Maggie ihm erklärt. »Siehst du, wie er sich hier biegt? Und jetzt schau dir meinen Daumen an oder deinen linken, zum Vergleich. Kannst du den Unterschied erkennen?«

Sie erkannte einen Mörderdaumen, weil eine Schulfreundin von ihr, eine ganz sanfte und friedliebende Person, auch einen hatte. Eine Handleserin hatte ihrer Freundin erzählt, daß es ein Mörderdaumen sei, und die beiden hatten es in einem Handlese-Buch nachgeschlagen. Und da hatten sie ihn gefunden, auf einem Farbbild in Originalgröße, den Mörderdaumen. Er war genauso geformt wie der Daumen ihrer Freundin Jaqui und wie jetzt Kellers Daumen.

»Aber sie hätte nie deine Hand zurückschieben und dir eine Lesung verweigern dürfen, so wie sie das gemacht hat«, hatte ihm Maggie versichert. »Ich weiß nicht, ob es jemanden gibt, der darüber Statistik führt, aber ich bin sicher, daß die meisten Mörder zwei absolut normale Daumen haben. Und die meisten Leute, die zufällig mit einem Mörderdaumen ausgestattet sind, haben noch nie in ihrem Leben einen Menschen umgebracht und werden es auch nie tun.«

»Da bin ich beruhigt.«

»Wie viele Menschen hast du denn schon auf dem Gewissen, Keller?«

»Keinen, verdammt noch mal.«

»Und spürst du schon, daß du dich bald in einen gemeingefährlichen Blutrausch stürzen wirst?«

»Eigentlich nicht.«

»Dann würde ich denken, daß du dich beruhigt zurücklehnen kannst. Du hast einen Mörderdaumen, aber ich glaube nicht, daß du dir deswegen Sorgen machen mußt.«

Er machte sich auch keine Sorgen, nicht wirklich. Aber er mußte zugeben, daß er verblüfft war. Wie konnte ein Mensch sein ganzes Leben mit einem Mörderdaumen leben und es nicht einmal wissen? Und nachdem alles geklärt und ausdiskutiert war: Was hatte es zu bedeuten?

Er hatte seinem Daumen nie besondere Aufmerksamkeit geschenkt, das sicher nicht. Er wußte, daß seine Daumen nicht gleich waren, daß etwas an seinem rechten Daumen ein bißchen anders war, aber es war keine Absonderlichkeit, die besonders ins Auge stach. Es war nicht etwas, das andere Kinder bemerkt und womit sie ihn aufgezogen hätten. Die ganzen Jahre hatte er nicht mehr darüber nachgedacht als über den Nagel des großen Zehs an seinem linken Fuß, der Rillen hatte.

Killerzeh, dachte er.

Er hockte über einer Preisliste, *Frankreich und seine Kolonien*, und kämpfte mit einer belanglosen Entscheidung, wie sie ein Briefmarkensammler ab und zu fällen muß, da klingelte das Telefon. Er nahm ab, und Dot war dran.

Die übliche Strecke fuhr er mit dem Zug, Grand Central nach White Plains und wieder zurück. Am Abend vor der Abreise packte er eine Reisetasche, und morgens nahm er ein Taxi bis zum JFK und stieg ins Flugzeug nach Tampa. Dort nahm er sich einen Ford Escort als Leihwagen und fuhr nach Indian Rocks Beach. Vom Namen her klang es mehr nach einer Schlagzeile aus *Variety* und nicht nach einem Ort, an dem man leben wollte. Aber es war ein kleiner Touristenort, und obwohl er weder Indianer noch Steine entdeckte, war der Strand nicht zu übersehen. Er war idyllisch, und Keller verstand, warum hier überall Eigentumswohnungen verkauft wurden und sonnenhungrige Städter sich Ferienapartments teilten.

Keller suchte nach einem Mann aus Ohio namens Stillman. Der hatte gerade für eine Woche ein Apartment mit Strandblick bezogen, im vierten Stock der Gulf Water Towers. Keller hatte den Pförtner in der Eingangshalle bemerkt, aber der war sicher nicht mit der Maginot-Linie zu vergleichen, wenn man unbemerkt an ihm vorbeikommen wollte.

Aber mußte er es darauf ankommen lassen? Stillman kam gerade aus dem sonnenlosen Cincinnati. Wieviel Zeit würde er wohl in seinem Apartment verbringen? Nicht mehr als unbedingt nötig, überlegte Keller. Sicher wollte er ins Freie und die Sonnenstrahlen aufsaugen, vielleicht ein bißchen im Meer herumplanschen und dann in der Sonne abhängen.

Keller hatte Badeklamotten eingepackt. Er entdeckte eine Herrentoilette und zog sich dort um. Ein Handtuch zum Drauflegen hatte er nicht dabei – er hatte sich noch kein Hotelzimmer genommen –, aber er konnte sich einfach in den Sand legen.

Wie sich herausstellte, war das nicht nötig. Als er den öffentlichen Strand entlangschlenderte, sah er eine Frau, die auf einen Mann zuging und dabei etwas in den hohlen Händen trug. Es war Wasser, das sie über den Mann spritzte, worauf der mit einem Satz aufsprang. Sie lachten lauthals, und er jagte sie in die Brandung. Dort vergnügten sie sich, ein typisches Beispiel von jugendlichem, hormonell bedingtem Energieüberschuß. Keller nahm an, daß sie sich noch eine ganze Weile vergnügen würden. Sie hatten zwei Handtücher im Sand zurückgelassen, anonyme, stinknormale weiße Strandtücher. Er beschloß, daß sie mit einem auskommen würden. Eines bot genug Platz für die beiden, wenn sie genug hatten vom Anspritzen und Wegducken.

Er nahm sich das andere Handtuch und ging damit weiter. Auf dem Privatstrand für die Bewohner der Gulf Water Towers breitete er es im Sand aus. Mit einem Blick nach rechts und links vergewisserte Keller sich, daß niemand hier war, der auch nur annähernd wie George Stillman aussah, dann legte er sich flach auf den Rücken und schloß die Augen. Die Sonne, die sich neuerdings in New York nur noch sporadisch blicken ließ, war offensichtlich in Florida ganz zu Hause. Die Wärme auf seiner Haut fühlte sich wunderbar an. Wenn es eine Zeitlang dauern würde, bis er Stillman fand, dann sollte ihm das nur recht sein.

*

Aber es dauerte nicht lange.

Nach ungefähr einer halben Stunde öffnete Keller die

Augen. Er richtete sich auf und schaute sich um. Dabei kam er sich ein bißchen wie Punxutawny Phil am Siebenschläfertag vor. Er konnte weder Stillman noch seinen eigenen Schatten ausmachen, also legte er sich wieder hin und machte die Augen zu.

Das nächste Mal öffnete er sie, weil er einen Mann fluchen hörte. Er setzte sich auf. Keine zwanzig Meter entfernt saß ein Mann mit Halbglatze und Hängebacken und einem Oberkörper wie ein Bierfaß. Er bedachte seine rechte Hand mit allen nur erdenklichen Schimpfwörtern.

Wie konnte der Typ bloß so sauer auf seine eigene Hand sein? Natürlich, er könnte einen Mörderdaumen haben, aber war das denn so schlimm? Keller hatte selbst einen, und ihm wäre es nie in den Sinn gekommen, so mit ihm zu sprechen.

Ach, Scheiße, na klar. Der Mann hatte ein Handy. Und, Himmel noch mal, es war Stillman. Keller hatte das Gesicht bis jetzt kaum beachtet, weil die wütende Stimme und der massige, mit einer dichten schwarzen Matte bedeckte Körper seine Aufmerksamkeit in Beschlag genommen hatten. Das alles war auf dem Foto, das Dot ihm gezeigt hatte, nicht zu sehen gewesen. Aber es fiel einem zuerst ins Auge. Das Foto hatte nur Kopf und Schulterpartie gezeigt. Trotzdem war es dasselbe Gesicht, und er saß genau vor ihm. Wenn das kein glücklicher Zufall war.

Solange Stillman in der Sonne lag, blieb auch Keller liegen. Als Stillman aufstand und zum Wasser ging, folgte ihm Keller. Als Stillmann hineinwatete, um sein Stehvermögen in der Brandung unter Beweis zu stellen, war Keller direkt hinter ihm.

Als Keller ans Ufer zurückkam, blieb Stillman zurück. Und als Keller den Strand mit zwei Handtüchern und einem Handy verließ, war Stillman immer noch nicht aus dem Wasser aufgetaucht.

*

Warum ein Daumen?

Wieder zurück in New York, dachte Keller angestrengt über diese Frage nach. Er verstand nicht, was der Daumen mit einem Mord zu tun haben sollte. Benutzte man einen Revolver, dann war es der Zeigefinger, der den Abzug drückte. Benutzte man ein Messer, dann hielt man es in der Handfläche und legte die Finger um den Schaft. Man konnte den Daumen an das Heft legen, als eine Art Führung, aber auch jemand ganz ohne Daumen schaffte es, die scharfe Seite eines Messers genau dorthin zu bringen, wo er sie haben wollte.

Gebrauchte man die Daumen, wenn man jemanden erdrosselte? Keller vollführte die Bewegung, ließ seine Hände sich erinnern. Er verstand nicht, wo die Daumen dabei eine große Rolle spielen sollten. Jemanden mit den Händen erwürgen, klar, das war etwas anderes. Dabei mußte man beide Daumen benutzen, beide Hände sogar, sonst war es kaum möglich.

Trotzdem, warum ausgerechnet ein Mörder*daumen*?

»Also, das kapier ich einfach nicht«, sagte Dot. »Du fährst in ein beschissenes Kaff irgendwo am Arsch der Welt und treibst dich dort ein oder sogar zwei Wochen herum. Dann fährst du in ein Ferienparadies, mitten im New Yorker Winter, und kommst am selben Tag wieder zurück. Am selben Tag!«

»Die Gelegenheit war günstig, und ich habe sie ausgenutzt«, sagte er. »Hätte ich gewartet, dann hätte sich vielleicht nicht noch mal eine so gute Chance aufgetan.«

»Das ist mir schon klar, Keller, und ich will mich ja weiß Gott nicht beschweren. Es kommt mir nur so verschwendet vor, das ist alles. Da bist du, da seid ihr beide, frisch aus dem Flugzeug, das euch aus dem eisigen Norden hergebracht hat, und bevor ihr überhaupt die Kälte aus den Knochen kriegt, sitzt du schon wieder im Rückflug nach New York, und er ist schon fast bis auf Zimmertemperatur abgekühlt.«

»Auf Wassertemperatur.«

»Stimmt, mein Irrtum.«

»Und es war warm wie in der Badewanne.«

»Wie angenehm«, sagte sie. »Er hätte sich die Venen aufschlitzen können, aber nachdem du ihm ein paar Minuten lang den Kopf unter Wasser gehalten hast, war ihm nicht mehr danach. Hättest du nicht ein paar Tage damit warten können? Du wärst sonnengebräunt zurückgekommen, und er wäre nicht so blaß beerdigt worden. Wenn man vor seinen Schöpfer tritt, sollte man so gut wie möglich aussehen.«

»Sicher«, sagte er. »Dot, ist dir schon mal etwas Eigenartiges an meinem Daumen aufgefallen?«

»An deinem Daumen?«

»An diesem. Findest du, er sieht komisch aus?«

»Weißt du«, sagte sie, »eins muß ich dir lassen, Keller: Das ist der absolut radikalste Themenwechsel, den ich je in meinem Leben gehört habe. Ich kann mich wirklich beim besten Willen nicht mehr daran erinnern, über was wir uns unterhalten haben, bevor die Sprache auf deinen Daumen gekommen ist.«

»Und?«

»Du meinst das wirklich ernst? Zeig mal her. Ich muß sagen, das sieht mir wie ein ganz normaler Daumen aus, aber du weißt ja, wie man so schön sagt: Wenn man einen Daumen gesehen hat, dann hat man ...«

»Jetzt schau doch mal genau hin, Dot. Das meine ich doch, daß sie nicht gleich sind. Siehst du, wie der sich biegt?«

»Ach, stimmt. Er macht so ein kleines ...«

»Genau.«

»Sind meine eigentlich genau gleich? Wie ein Ei dem anderen, soweit ich das sehen kann. An einem ist unten eine kleine Narbe, aber frag mich nicht, woher die ist. Ich hab keine Ahnung. Keller, ich muß dir recht geben. Dein Daumen ist ungewöhnlich.«

»Glaubst du an Schicksal, Dot?«

»Hey! Keller, du schaltest schon wieder auf ein anderes Programm. Ich dachte, wir diskutieren hier über Daumen.«

»Ich habe gerade an Louisville gedacht.«

»Jetzt nehme ich dir aber die Fernbedienung ab, Keller. In deinen Händen ist die nicht sicher. Louisville?«

»Du weißt doch, ich war dort.«

»Ich erinnere mich lebhaft. Kinder spielen Basketball, der Kerl in der Garage und, wenn ich mich nicht irre, die unaufdringliche Magie von Kohlenmonoxid.«

»Genau.«

»Na und?«

»Kannst du dich erinnern, daß ich ein schlechtes Gefühl bei der Sache hatte, und dann wurde dieses Paar in meinem alten Zimmer umgelegt, und – «

»Ich erinnere mich genau an die ganze Geschichte, Keller. Was ist damit?«

»Irgendwie frage ich mich dauernd, wie viel von unserem Leben Schicksal ist und vorherbestimmt. Wie sehr haben die Menschen ihr Leben wirklich selbst in der Hand?«

»Wenn wir es in der Hand hätten«, sagte sie, »dann würden wir uns über etwas anderes unterhalten.«

»Ich habe es nie darauf angelegt, das zu werden, was ich jetzt bin. Es war nicht so, daß ich einen Eignungstest in der Schule gemacht hätte, und dann hat mich mein Vertrauenslehrer zur Seite genommen und vorgeschlagen, daß ich es doch mit einer Karriere als Auftragskiller versuchen sollte.«

»Du bist einfach so hineingerutscht, stimmt's?«

»Das hab ich zumindest bis jetzt gedacht. Und so ist es

mir auch vorgekommen. Aber was ist, wenn ich nur meinem Schicksal gefolgt bin?«

»Ich weiß nicht«, sagte sie und legte den Kopf schief. »Sollte hier jetzt nicht leise Hintergrundmusik einsetzen? In meinen Fernsehserien ist das immer so, wenn sie sich über solche Dinge unterhalten.«

»Dot, ich habe einen Mörderdaumen.«

»Ach du lieber Himmel, wir sind wieder bei deinem Daumen. Wie kommst du denn jetzt wieder darauf, und was zum Teufel redest du da eigentlich?«

»Handlesen«, erklärte er. »Beim Handlesen nennt man einen Daumen wie meinen einen Mörderdaumen.«

»Beim Handlesen.«

»Genau.«

»Ich gebe zu, dein Daumen sieht ungewöhnlich aus«, sagte sie, »obwohl ich das in all den Jahren, seit ich dich kenne, noch nie bemerkt habe. Und es wäre mir sicher nie aufgefallen, wenn du mich nicht darauf aufmerksam gemacht hättest. Aber wie paßt der Teil mit dem Mörder dazu? Was tust du denn, bringst du Leute um, indem du mit deinem Daumen über ihre Lebenslinie fährst?«

»Ich glaube nicht, daß man direkt etwas mit dem Daumen tut.«

»Ich kann mir auch nicht vorstellen, was man damit tun *könnte*, außer vielleicht Trampen. Oder eine nicht ganz jugendfreie Handbewegung.«

»Ich weiß nur eins«, sagte er. »Ich habe einen Mörderdaumen, und ich bin ein Mörder geworden.«

»Sein Daumen hat ihn dazu getrieben.«

»Oder war es andersherum? Vielleicht war der Daumen bei meiner Geburt ja noch normal, und er hat sich verändert, als ich mich verändert habe.«

»Das klingt total verrückt«, sagte sie, »aber das solltest du ja einfach klären können. Schließlich bist du dein Leben lang mit diesem Daumen herumgelaufen. *War* er denn immer schon so?«

»Wie soll ich das denn wissen? Ich habe nie richtig darauf geachtet.«

»Keller, wir reden von deinem Daumen.«

»Aber war mir wirklich bewußt, daß er anders ist als andere Daumen? Ich weiß es nicht, Dot. Vielleicht sollte ich mal mit jemandem darüber reden.«

»Das ist nicht unbedingt eine schlechte Idee«, sagte sie, »aber an deiner Stelle würde ich es mir gut überlegen, wenn sie vorschlagen, daß du irgendwelche Medikamente schlucken sollst.«

»Das habe ich nicht gemeint«, sagte er.

*

Die Astrologin war anders, als er erwartet hatte.

Schwer zu sagen, was er eigentlich erwartet hatte. Jemand mit viel Make-up um die Augen, vielleicht, und langem Haar, das mit einem Schal hochgebunden war, und großen Ohrringen – eine Art Mischung zwischen Wahrsagerin und Hippiebraut. Louise Carpenter dagegen war eine freundliche Frau Mitte Vierzig, die den langen Kampf um eine mädchenhafte Figur aufgegeben hatte. Sie hatte große blaugrüne Augen und eine praktische Frisur, wohnte in einem Apartment an der West End Avenue, das vollstand mit gemütlichen Möbeln, sie bevorzugte lockere Kleidung, las gerne Liebesromane und aß Pralinen, was alles gut zu ihr paßte.

»Es wäre hilfreich«, erklärte sie Keller, »wenn wir Ihre genaue Geburtszeit wüßten.«

»Ich glaube nicht, daß man das herausfinden kann.«

»Ihre Mutter ist verschieden?«

Verschieden. Ausgeschieden, dachte er, trifft es vielleicht eher. Er sagte: »Sie ist vor langer Zeit gestorben.«

»Und Ihr Vater ...«

»Ist gestorben, bevor ich geboren wurde«, sagte Keller und fragte sich, ob das wirklich stimmte. »Sie haben am Telefon gefragt, ob ich der einzige bin, der sich an meine Geburt erinnert. Ich bin der einzige, der noch lebt, und ich kann mich an nichts erinnern.«

»Es gibt Mittel und Wege, mit denen man frühe Kindheitserinnerungen wieder ins Bewußtsein holen kann«, sagte sie und steckte sich eine Praline in den Mund. »In einigen Fällen bis zurück zur Geburt. Ich kenne Leute, die behaupten, sie könnten sich an ihre eigene Empfängnis erinnern. Aber ich weiß nicht, wieviel an solchen Geschichten dran ist. Geht es um wirkliche Erinnerungen oder um etwas, was wir gerne erinnern wollen? Außerdem, Sie hatten damals bestimmt keine Uhr an.«

»Ich habe nachgedacht«, sagte er. »Ich weiß nicht, wie der Arzt hieß, und vielleicht ist er inzwischen auch schon tot, aber ich habe die Kopie meiner Geburtsurkunde. Die Geburtszeit steht da nicht drauf, nur der Tag. Aber vielleicht hat das *Bureau of Vital Statistics* die Information irgendwo in den Akten, was meinen Sie?«

»Gut möglich«, sagte sie, »aber Sie brauchen sich nicht darum zu kümmern. Ich kann das nachprüfen.«

»Im Internet? So irgendwie?«

Sie lachte. »Nein, so nicht. Sie sagten, Ihre Mutter habe erwähnt, daß sie früh aufgestanden war und ins Krankenhaus gegangen sei.«

»Das hat sie so erzählt.«

»Und daß es eine ziemlich leichte Geburt war.«

»Ich bin gleich rausgekommen, als die Wehen angefangen hatten.«

»Sie wollten hier sein. Sie sind also Zwilling, John, und … darf ich Sie John nennen?«

»Wenn Sie wollen.«

»Wie nennen Sie denn die Leute normalerweise?«

»Keller.«

»In Ordnung, Mr. Keller. Ich habe kein Problem damit, wenn Sie die Sache formell halten wollen, und – «

»Nicht Mr. Keller«, erklärte er. »Nur einfach Keller.«

»Ach so.«

»So nennen mich die Leute normalerweise.«

»Verstehe. Also, Keller … nein, ich glaube nicht, daß das geht. Ich muß Sie mit John anreden.«

»Okay.«

»Auf der Schule haben sich die Kinder immer mit den Nachnamen angeredet. Man kam sich so erwachsen vor. ›Hey, Carpenter, hast du die Hausaufgaben in Mathe fertig?‹ Ich kann Sie einfach nicht Keller nennen.«

»Das ist kein Problem.«

»Das ist eine Überreaktion von mir, ich weiß, aber –«

»John ist in Ordnung.«

»Okay, dann«, sagte sie und rutschte auf dem Sessel in eine andere Position. »Sie sind Zwilling, John, das wissen Sie sicher. Ein später Zwilling, 19. Juni. Das ist fast am Übergang zum Krebs.«

»Ist das gut?«

»In der Astrologie ist nichts unbedingt gut oder schlecht, John. Aber es ist insofern gut, als ich gerne mit Zwillingen arbeite. Ich finde, daß es ein außergewöhnlich interessantes Sternzeichen ist.«

»Warum das denn?«

»Die Dualität. Das Zeichen der Zwillinge.« Sie redete weiter über die Eigenschaften des Sternzeichens, und er nickte zustimmend, obwohl er nicht alles genau verstand. Und dann sagte sie: »Ich glaube, das Interessanteste an Zwillingen ist ihre Beziehung zur Wahrheit. Von Natur aus treiben Zwillinge gerne ein doppeldeutiges Spiel, aber sie haben eine hohe Achtung vor der Wahrheit. Hier zeigen sich die Einflüsse des gegenüberliegenden Zeichens auf der anderen Seite des Tierkreises. Das ist natürlich Schütze, und ein typischer Schütze könnte, selbst wenn es um sein Leben ginge, keine Lüge über die Lippen bringen. Zwillinge können ohne Gewissensbisse lügen, aber gelegentlich sind sie zu dieser überraschenden Wahrhaftigkeit des Schützen fähig.«

»Verstehe.«

Er sei auch von Krebs beeinflußt, fuhr sie fort, einmal weil seine Sonne so nah am Krebs stand, und weil er ein paar andere Planeten in diesem Zeichen habe. Und sein Mond sei im Stier, erklärte sie ihm, und daß das überhaupt die allerbeste Konstellation für den Mond sei. »Der Mond ist im Stier erhöht«, sagte sie. »Ist Ihnen schon einmal aufgefallen, daß, selbst wenn etwas in ihrem Leben nicht klappt, die Sache für Sie doch irgendwie zu einem guten Abschluß kommt? Und können Sie nicht immer auf einen inneren Kern zurückgreifen, auf eine Art grundsätzliche Stabilität, die Sie nie zweifeln läßt an dem, der Sie sind?«

»Über den letzten Teil bin ich mir nicht sicher«, sagte er. »Ich bin hier, oder?«

»Vielleicht hat Sie Ihr Stiermond hierhergeführt.« Sie nahm sich wieder eine Praline. »Von der Geburtszeit hängt der Aszendent ab, und der ist für sehr viele Dinge wichtig. Aber weil wir die nötigen Informationen nicht haben, habe ich Ihren Aszendenten intuitiv bestimmt. Mein Feld ist die Astrologie, John, aber ich arbeite auch noch mit anderen Mitteln. Ich habe hellseherische Fähigkeiten, ich spüre Dinge. Meine Intuition sagt mir, daß Ihr Aszendent Krebs ist.«

»Wenn Sie das meinen.«

»Und ich habe auf dieser Grundlage ein Geburtshoroskop für Sie erstellt. Ich könnte Ihnen jetzt eine ganze Menge technischer Dinge über Ihr Horoskop erzählen, aber ich glaube nicht, daß Sie das interessiert, oder?«

»Sie sind wirklich eine Hellseherin.«

»Also, bevor ich Ihnen jetzt etwas vorschwatze von Trigonen und Quadraten und Oppositionen, möchte ich Ihnen nur verraten, daß es ein sehr interessantes Horoskop ist. Sie sind ein außergewöhnlich sanftmütiger Mensch, John.«

Ach?

»Aber in Ihrem Leben gibt es unglaublich viel Gewalt.«

Hm.

»Das ist die berühmte Dualität des Zwillings«, sagte sie. »Einerseits sind Sie rücksichtsvoll, einfühlsam und ausgeglichen, sogar äußerst ausgeglichen. John, werden Sie eigentlich jemals wütend?«

»Nicht sehr oft.«

»Nein, und ich denke auch nicht, daß Sie Ihre Wut unterdrücken. Ich glaube, daß Wut einfach nicht zu der Gleichung gehört. Aber Sie sind umgeben von Gewalt, ist es nicht so?«

»Wir leben in einer gewalttätigen Welt.«

»Schon Ihr ganzes Leben lang bewegen Sie sich inmitten von Gewalt. Sie gehören dazu, sind ein Teil davon, und trotzdem kommt es irgendwie nicht an Sie heran.« Sie tippte mit dem Finger auf das Blatt Papier, auf dem seine

Sterne und Planeten abgesteckt waren. »Sie haben kein einfaches Horoskop«, sagte sie.

»Nicht?«

»Eigentlich ist das etwas, wofür man dankbar sein muß. Ich sehe dauernd Horoskope von Menschen, die ohne ernsthafte Oppositionen, ohne schwierige Aspekte in die Welt gekommen sind. Und sie haben ein Leben, in dem nichts passiert. Sie werden nie herausgefordert, sie müssen nie auf ihre inneren Stärken zurückgreifen, und am Ende führen sie ein einigermaßen gemütliches Leben, haben feste Jobs und ziehen ihre Kinder in einer netten, sicheren, sauberen Kleinstadt groß. Und nie machen sie irgend etwas besonders Interessantes aus sich selbst.«

»Ich habe auch nicht viel aus mir gemacht«, sagte er. »Ich war nie verheiratet oder habe ein Kind gezeugt. Oder ein Unternehmen gegründet oder bei Wahlen kandidiert oder einen Garten angelegt oder ein Theaterstück geschrieben oder … oder …«

»Ja?«

»Entschuldigen Sie«, sagte er. »Ich habe nicht gedacht, daß ich so darauf reagiere, so …«

»Emotional?«

»Ja.«

»Das kommt sehr häufig vor.«

»Ach so.«

»Erst kürzlich habe ich einer Frau erklärt, daß Jupiter im Quadrat zu ihrer Sonne steht, aber auch in einem Trigon zum Mars, und sie ist in Tränen ausgebrochen.«

»Ich weiß nicht mal, was das bedeutet.«

»Sie auch nicht.«

»Oh.«

»Ich kann so vieles in Ihrem Horoskop sehen, John. Sie haben gerade eine schwierige Zeit, nicht?«

»Muß wohl so sein.«

»Nicht finanziell. Ihr Jupiter – nun, Sie sind nicht reich, und Sie werden auch nie große Reichtümer besitzen, aber irgendwie ist immer Geld da, wenn Sie welches brauchen, oder?«

»Geld ist nie ein Problem.«

»Nein, und so wird es auch bleiben. Sie haben in den letzten paar Jahren einiges Geld ausgegeben –« für die Briefmarken, dachte er, »– und das ist gut so, weil Sie jetzt etwas für Ihr Geld haben, das Ihnen Spaß macht. Aber Sie geben nie zuviel aus, und es werden sich immer Möglichkeiten für Sie auftun, an mehr Geld zu kommen.«

»Das ist gut.«

»Aber Sie sind nicht hierhergekommen, weil Sie Geldsorgen haben.«

»Nein.«

»Geld ist Ihnen nicht so wichtig. Sie haben es gerne verdient, und jetzt geben Sie es gerne aus, aber es war Ihnen nie wirklich wichtig.«

»Nein.«

»Ich habe für Sie ein Jahreshoroskop erstellt«, sagte sie, »damit Sie eine Vorstellung davon kriegen, was Sie in den nächsten zwölf Monaten erwartet. Manche Astrologen sind dabei sehr genau – ›der 17. Juli ist der perfekte Zeitpunkt, um ein neues Projekt anzugehen, und kommen Sie am 5. September nicht mal in die Nähe von Wasser‹. Mein Ansatz ist etwas allgemeiner, und … John? Warum halten Sie Ihre rechte Hand so?«

»Wie bitte?«

»Mit dem Daumen nach innen. Ist etwas mit Ihrem Daumen, das Ihnen unangenehm ist?«

»Eigentlich nicht.«

»Ich habe Ihren Daumen schon bemerkt, John.«

»Oh.«

»Hat Ihnen jemand etwas über Ihren Daumen gesagt?«

»Ja.«

»Daß es ein Mörderdaumen ist?« Sie verdrehte die Augen. »Handlesen«, sagte sie langsam.

»Glauben Sie nicht daran?«

»Natürlich glaube ich daran, aber beim Handlesen werden so oft komplexe Zusammenhänge auf ein paar platte Allgemeinplätze reduziert.« Sie streckte die Arme aus und nahm seine Hand. Er bemerkte, wie weich und pummelig ihre Hände waren, aber nicht unangenehm. Sie fuhr mit der Fingerspitze über seinen Daumen, den gemeingefährlichen Daumen.

»Daß man einer einzelnen anatomischen Besonderheit«, sagte sie, »so einen dramatischen Namen geben muß. Der Daumen hat noch niemanden dazu gebracht, seine Mitmenschen umzubringen.«

»Und warum wird er dann so bezeichnet?«

»Ich habe mich leider nie mit der Geschichte des Handlesens beschäftigt. Ich nehme an, jemand hat bemerkt, daß ein paar berüchtigte Mörder so einen speziellen Daumen hatten, und hat die Kunde dann weitergegeben. Ich bin nicht mal sicher, ob statistisch gesehen der Mörderdaumen unter Mördern häufiger vorkommt als in der Allgemeinbevölkerung. Ich bezweifle, ob es jemand genau weiß. John, es ist eine unbedeutende Kuriosität und nicht weiter wichtig.«

»Aber Ihnen ist es aufgefallen«, sagte er.

»Ich habe es zufällig bemerkt.«

»Und Sie haben es erkannt. Sie haben nichts gesagt, bis Ihnen aufgefallen ist, daß ich den Daumen in der Faust verstecke. Das war ganz unbewußt, mir war nicht klar, daß ich das mache.«

»Ich verstehe.«

»Also muß es doch etwas bedeuten«, sagte er. »Sonst wäre es Ihnen nicht so lange im Kopf herumgespukt.«

Sie hielt immer noch seine Hand. Keller hatte festgestellt, daß Frauen einem so zu verstehen gaben, daß sie interessiert waren. Frauen berührten ihn dann häufig und vollkommen unschuldig, an der Hand oder dem Arm oder der Schulter, oder sie hielten seine Hand länger als nötig. Tat ein Mann so etwas bei einer Frau, galt das als sexuelle Belästigung, aber eine Frau zeigte einem auf die Art, daß sie nichts dagegen hatte, angemacht zu werden.

Aber das hier war anders. Es gab keine sexuellen Untertöne bei dieser Frau. Wenn er aus Schokolade wäre, dann müßte er sich vielleicht Sorgen machen, aber bloßes Fleisch und Blut war sicher in ihrer Gegenwart.

»John«, sagte sie. »Ich habe danach gesucht.«

»Gesucht ...«

»Nach dem Daumen. Oder sonst irgend etwas, das bestätigt, was ich schon über Sie weiß.«

Während sie das sagte, schaute sie ihm in die Augen, und er fragte sich, ob sie dort ablesen konnte, wie tief der Schock ging. Er bemühte sich, keine Reaktion zu zeigen, aber wie konnte man verhindern, daß die Augen verraten, was man fühlt?

»Und das wäre, Louise?«

»Was ich über Sie weiß?«

Er nickte.

»Daß Ihr Leben voller Gewalt ist, aber das habe ich, glaube ich, schon erwähnt.«

»Sie haben gesagt, ich sei sanftmütig und neige nicht zu Wutausbrüchen.«

»Aber Sie haben schon Menschen töten müssen, John.«

»Wer hat Ihnen das verraten?« Sie hielt seine Hand nicht mehr. Hatte sie losgelassen? Oder hatte er die Hand zurückgezogen?

»Wer es mir verraten hat?«

Maggie, dachte er. Wer sonst kam in Frage? Maggie war die einzige Person, die sie beide kannten. Aber woher wußte es Maggie? In ihren Augen war er ein Geschäftsmann aus den Vorstädten, obwohl er allein im Herzen der Großstadt lebte.

»Wenn man es genau nimmt«, sagte sie, »dann hatte ich mehrere Informanten.«

Sein Herz klopfte ihm bis zum Hals. Was sagte sie da? Wie konnte das stimmen?

»Lassen Sie mich nachdenken, John. Es war Saturn und Mars, und wir sollten auch Merkur nicht vergessen.« Ihre Stimme war leise und ihr Blick unglaublich sanft. »John«, erklärte sie ihm, »es steht in Ihrem Horoskop.«

»Meinem Horoskop?«

»Ich habe sofort etwas gemerkt. Als ich an Ihrem Horoskop gearbeitet habe, hatte ich eine sehr starke Eingebung, und als Sie vorhin an der Tür geschellt haben, wußte ich, daß ich einem Mann die Tür öffne, der schon sehr viel und oft getötet hat.«

»Es überrascht mich, daß Sie den Termin nicht abgesagt haben.«

»Ich habe es mir überlegt. Etwas hat mir gesagt, ich soll es nicht tun.«

»Ein kleines Vögelchen?«

»Eine innere Stimme. Vielleicht war es auch nur Neugier. Ich wollte wissen, wie Sie aussehen.«

»Und?«

»Nun, mir war sofort klar, daß ich mich mit dem Horoskop nicht getäuscht habe.«

»Wegen des Daumens?«

»Nein, obwohl diese zusätzliche kleine Bestätigung ganz interessant war. Und das Verräterischste an Ihrem

Daumen war, wieviel Mühe Sie sich geben, ihn zu verstecken. Aber die Schwingungen, die ich von Ihnen erhalte, verraten bei weitem mehr als irgend etwas an Ihrem Daumen.«

»Die Schwingungen.«

»Ich weiß nicht, wie ich das besser beschreiben kann. Der intuitive Teil des Gehirns kriegt manchmal Dinge mit, die für die fünf Sinne weder zu sehen noch zu hören sind. Es gibt Sachen, die weiß man einfach.«

»Stimmt.«

»Ich wußte, Sie sind …«

»Ein Mörder«, half er ihr weiter.

»Nun, ein Mann, der tötet. Mit sehr viel innerem Abstand. Es ist nichts Persönliches für Sie, oder, John?«

»Manchmal spielt Persönliches eine Rolle.«

»Aber nicht oft.«

»Nein.«

»Es ist rein geschäftlich.«

»Genau.«

»John? Sie haben nichts von mir zu befürchten.«

Konnte sie seine Gedanken lesen? Er hoffte nicht. Denn eben ging ihm durch den Kopf, daß er keine Furcht vor ihr hatte, sondern davor, was er eigentlich mit ihr machen müßte.

Und er wollte es nicht tun. Sie war eine nette Frau, und er spürte, daß sie ihm Dinge sagen konnte, die wichtig waren und ihm guttun würden.

»Sie brauchen nicht zu befürchten, daß ich etwas unternehme oder jemandem etwas verrate. Sie brauchen nicht einmal zu befürchten, daß ich etwas mißbillige.«

»Nicht?«

»Ich fälle nur noch selten moralische Urteile, John. Je mehr ich sehe, desto unsicherer werde ich, was richtig ist und was falsch. Als ich mich selbst endlich akzeptieren konnte –«, mit einem Lächeln nahm sie sich eine Praline, »– war es nicht mehr so schwer, andere Leute zu akzeptieren. Mit Daumen und allem.«

Er schaute auf seinen Daumen, dann hob er den Kopf und blickte ihr in die Augen.

»Außerdem«, sagte sie mit leiser Stimme, »finde ich, daß Sie Wundervolles in Ihrem Leben erreicht haben.« Sie tippte auf sein Horoskop. »Ich weiß, mit was Sie angefangen haben. Ich finde, daß Sie das Beste aus sich gemacht haben.«

Er wollte etwas sagen, aber die Worte blieben ihm in der Kehle stecken.

»Es ist schon in Ordnung«, sagte sie. »Lassen Sie los und weinen Sie ruhig. Sie brauchen sich nicht zu schämen, wenn Sie weinen müssen, John. Es ist vollkommen in Ordnung.«

Und sie zog seinen Kopf an ihre Brust und nahm ihn in die Arme, während er sich zu seinem eigenen Erstaunen die Seele aus dem Leib heulte.

*

»Das war jetzt wirklich eine Erstaufführung«, sagte er. »Ich weiß nicht genau, was ich von der Astrologie erwartet habe, aber auf keinen Fall Tränen.«

»Die Tränen wollten kommen. Sie haben sie schon eine ganze Weile zurückgehalten, nicht?«

»Schon eine Ewigkeit. Ich habe eine Zeitlang eine Therapie gemacht, aber da kriegte ich nicht mal einen Kloß im Hals.«

»Das war wann? Vor drei Jahren?«

»Woher wissen Sie ...? Steht das auch in meinem Horoskop?«

»Nicht speziell eine Therapie, aber zu der Zeit gab es eine Phase, in der Sie bereit waren, etwas über sich selbst herauszufinden. Aber ich glaube nicht, daß Sie lange dabei geblieben sind.«

»Ein paar Monate. Ich habe viel über mich erfahren, aber am Ende hatte ich das Gefühl, daß ich aufhören muß.«

Dr. Breen, der Therapeut, hatte seine eigenen Interessen, die sich mit denen von Keller nicht vereinbaren ließen. Die Therapie war zu einem abrupten Ende gekommen, und so war es auch, nicht rein zufällig, dem Doktor ergangen.

Er würde nicht zulassen, daß es bei Louise Carpenter dazu kommen würde.

»Das hier ist keine Therapie«, erklärte sie ihm jetzt, »aber manchmal ist es eine überwältigende Erfahrung. Wie bei Ihnen gerade.«

»Kann man wohl sagen. Aber unsere fünfzig Minuten sind sicher schon vorbei.« Er schaute auf seine Uhr. »Wir haben um Längen überzogen. Es tut mir wirklich leid. Ich habe es einfach nicht gemerkt.«

»Wie gesagt, es ist keine Therapie, John. Wir brauchen uns um die Zeit keine Sorgen zu machen. Und ich mache höchstens mit zwei Klienten am Tag einen Termin, einen morgens und einen nachmittags. Wir haben alle Zeit der Welt.«

»Ach so.«

»Und wir müssen darüber reden, was Sie gerade durchmachen. Es ist keine leichte Zeit für Sie, nicht?«

War es keine leichte Zeit?

»Ich fürchte, auch die kommenden zwölf Monate werden nicht einfacher werden«, fuhr sie fort, »nicht solange Saturn in dieser Position steht. Es wird schwierig und gefährlich. Aber ich nehme an, Sie haben gelernt, mit der Gefahr zu leben.«

»Es ist nicht sonderlich gefährlich«, sagte er. »Was ich mache.«

»Wirklich nicht?«

Es ist gefährlich für andere, dachte er. »Nicht für mich«, sagte er. »Nicht besonders gefährlich. Es gibt immer ein Risiko, und man muß darauf achten, daß die Deckung immer oben ist, aber es ist nicht so, daß man die ganze Zeit wie ein Schießhund aufpassen muß.«

»Was ist, John?«

»Bitte?«

»Sie haben gerade an etwas gedacht, es ist über Ihr Gesicht gezuckt.«

»Ich bin überrascht, daß Sie mir nicht auch noch sagen, was es war.«

»Wenn ich raten müßte«, sagte sie, »würde ich sagen, daß Sie an etwas gedacht haben, das dem widerspricht, was Sie gerade gesagt haben. Daß man nicht die ganze Zeit aufpassen muß.«

»So was war es auch, stimmt.«

»Das dürfte erst vor kurzem passiert sein.«

»Das alles können Sie aus dem Horoskop ablesen? Tut mir leid, ich frage das dauernd. Ja, es war vor kurzem. Vor ein paar Monaten.«

»Weil die Zeit der Gefahr im Herbst angefangen haben dürfte.«

»Da ist es passiert.« Und ohne alle Einzelheiten zu schildern, erzählte er ihr von der Reise nach Louisville, und wie dort anscheinend alles falsch gelaufen war. »Und dann hat jemand an die Tür von meinem Hotelzimmer geklopft«, sagte er, »und ich bin total durchgedreht, was überhaupt nicht meine Art ist.«

»Nein.«

»Ich hab irgendwas gepackt« – den Revolver – »und hab mich neben die Tür gestellt, und mein Herz hat wie wahnsinnig geklopft, und dann war es nur ein Betrunkener, der seinen Kumpel nicht finden konnte. Ich war drauf und dran, ihn umzubringen, in Notwehr, und dabei hat er nur an der falschen Tür geklopft.«

»Das hat Sie sicher sehr mitgenommen.«

»Am meisten mitgenommen hat mich, wie ich mich so hineinsteigern konnte. Mein Herz hat nicht so gehämmert wie bei dem Klopfen an der Tür, aber es hat viel länger gedauert, bis ich mich wieder beruhigen konnte. Wenn ich ehrlich bin, macht es mir heute noch etwas aus.«

»Weil Ihre Reaktion nicht angemessen war. Aber vielleicht waren Sie auch wirklich in Gefahr, John. Nicht wegen des Betrunkenen, sondern wegen etwas Unsichtbaren.«

»Was, so was wie Anthraxsporen vielleicht?«

»Es war für Sie unsichtbar, was nicht heißt, daß man es nicht sehen konnte. Ein unbekannter Gegner, ein geheimer Feind.«

»So habe ich mich gefühlt. Aber es ergibt keinen Sinn.«

»Wollen Sie mir die ganze Geschichte erzählen?«

Wollte er das?

»Ich habe mir ein anderes Zimmer geben lassen«, sagte er.

»Weil der Betrunkene an Ihre Tür geklopft hat?«

»Nein, deswegen doch nicht. Aber ein paar Nächte später konnte ich nicht schlafen, weil die Leute über mir soviel Krach machten. Ich mußte die Nacht noch in dem Zimmer verbringen, weil das Hotel voll war. Aber am nächsten Morgen habe ich mich gleich in ein neues Zimmer verlegen lassen. Und dann, in der darauffolgenden Nacht ...«

»Ja?«

»In mein altes Zimmer wurden zwei Leute einquartiert. Ein Mann und eine Frau. Sie wurden ermordet.«

»In dem Zimmer, aus dem Sie gerade ausgezogen waren?«

»Es war ihr Ehemann. Sie war mit einem anderen da, und der Ehemann hatte sie anscheinend verfolgt. Hat sie beide erschossen. Aber ich mußte dauernd daran denken, daß es mein Zimmer gewesen war. So als wäre der Ehemann hinter mir hergewesen, wenn ich nicht das Zimmer gewechselt hätte.«

»Aber Sie kannten ihn nicht.«

»Nein, überhaupt keine Verbindung.«

»Und trotzdem hatten Sie das Gefühl, Sie wären nur knapp davongekommen.«

»Aber das ist natürlich absolut lächerlich.«

Sie schüttelte den Kopf. »Sie wären beinahe umgekommen, John.«

»Aber wie kann das sein? Genau das habe ich auch gedacht, aber es stimmt einfach nicht. Der Mörder kam aus einem einzigen Grund in das Zimmer, nämlich wegen der beiden Menschen, die dort einquartiert waren. Sie haben ihn angezogen, nicht das Zimmer an sich. Wie hätte er also jemals für mich eine Gefahr werden können?«

»Trotzdem war da eine Gefahr.«

»Das steht in meinem Horoskop?«

Sie nickte ernst und hob die Hand, wobei sie Daumen und Zeigefinger im Abstand von einem Zentimeter hielt.

»Sie und der Tod«, sagte sie, »sind so knapp aneinander vorbeigeschrappt.«

»Genauso hat es sich *angefühlt*! Aber –«

»Vergessen Sie den Ehemann, vergessen Sie, was in diesem Zimmer passiert ist. Der Ehemann der Frau war nie eine Gefahr für Sie, sondern jemand anderer. Sie waren draußen, wo das Eis sehr dünn ist, John, und das ist eine passende Metapher, weil auch der Eisläufer erst bemerkt, wie dünn das Eis ist, wenn es bricht.«

»Aber –«

»Aber Sie sind nicht eingebrochen«, sagte sie. »Was auch immer gefährlich für Sie war, die Gefahr ist vorübergegangen. Dann wurden diese zwei Menschen umgebracht, und das hat Ihre Aufmerksamkeit erregt.«

»Das Eis ist gebrochen«, sagte er, »aber auf einem anderen Teich. Darüber muß ich erst eine Weile nachdenken.«

»Das kann ich mir vorstellen.«

Er räusperte sich. »Louise? Steht schon alles in den Sternen, und wir schreiten hier auf der Erde nur unseren vorbestimmten Weg ab?«

»Nein.«

»Aber Sie können auf dieses Blatt Papier schauen«, sagte er, »und dann können Sie sagen: ›Nun, Sie werden an diesem oder jenem Tag dem Tod sehr nahe kommen, aber Sie werden es gesund und lebendig überstehen.‹«

»Nur der erste Teil. ›Sie werden dem Tod nahe kommen‹ ... Ich hätte mir das hier ansehen und Ihnen dann soviel sagen können. Aber ich hätte Ihnen nicht weissagen können, daß Sie überleben. Die Sterne zeigen Neigungen und grenzen die Wahrscheinlichkeiten ein, aber die Zukunft ist niemals ganz vorhersehbar. Und wir haben einen freien Willen.«

»Wenn diese Leute nun nicht ermordet worden wären, und ich einfach nach Hause gefahren wäre –«

»Ja?«

»Nun, dann säße ich jetzt hier, und wir würden uns unterhalten, und Sie würden mir erzählen, wie nah ich dem Tod gewesen war, und ich würde so viel drauf geben wie auf Sternschnuppen. Ich hatte ein komisches Gefühl, aber das hätte ich schon lange vergessen. Ich würde Sie anschauen und sagen: ›Ja, genau‹, und weiterblättern.«

»Sie können sich bei dem Mann und der Frau dafür bedanken.«

»Und bei dem Kerl, der sie erschossen hat, wenn wir schon dabei sind. Und bei diesen Biker-Typen, die den Radau ganz am Anfang veranstaltet haben. Und bei Ralph.«

»Wer ist Ralph?«

»Der Freund des Betrunkenen, den er überall, nur nicht im richtigen Zimmer gesucht hat. Ich kann mich auch bei dem Betrunkenen bedanken, bloß weiß ich nicht, wie er hieß. Aber ich weiß eh nicht mehr, wie sie alle geheißen haben, außer Ralph.«

»Vielleicht ist es nicht wichtig, wie sie geheißen haben.«

»Ich wußte den Namen des Mannes und der Frau, und den Namen des Mannes, der sie erschossen hat, des

Ehemanns. Ich kann mich nicht mehr daran erinnern. Sie haben recht, es ist nicht wichtig, wie sie geheißen haben.«

»Nein.«

Er schaute sie an. »Das nächste Jahr ...«

»Es wird gefährlich.«

»Worüber soll ich mir Sorgen machen? Muß ich es mir genau überlegen, wenn ich in ein Flugzeug steige? Oder soll ich an windigen Tagen einen Extra-Pullover anziehen? Können Sie mir sagen, woher die Bedrohung kommt?«

Sie zögerte kurz, dann sagte sie: »Sie haben einen Feind, John.«

»Einen Feind?«

»Einen Feind. Jemand da draußen hat es auf Sie abgesehen.«

*

»Ich weiß nicht«, sagte er zu Dot.

»Du weißt es nicht? Keller, was gibt es da zu wissen? Es geht nicht viel einfacher. Es ist in Boston, meine Güte, nicht auf der erdabgewandten Seite des Mondes. Du nimmst dir ein Taxi nach La Guardia, steigst in den Delta Shuttle, dafür brauchst du nicht mal eine Reservierung, und eine halbe Stunde später landest du in Logan. Du fährst mit dem Taxi in die Stadt, machst, was du am besten kannst, und noch am selben Tag fliegst du schon wieder zurück. Wenn du wieder in deiner Wohnung bist, bleibt dir noch reichlich Zeit bis zur Jay Leno Show. Das Geld stimmt, der Kunde ist ein ganz normaler Broker, und der Auftrag ist absolut kein Problem.«

»Das ist mir alles klar, Dot.«

»Aber?«

»Ich weiß nicht.«

»Keller«, sagte sie, »ganz offensichtlich kapier ich hier was nicht. Hilf mir mal auf die Sprünge. Welches Wort in ›ich weiß nicht‹ versteh ich nicht?«

Ich weiß nicht, hätte er fast geantwortet, aber gerade noch rechtzeitig verkniff er es sich. In der Schule hatte eine Lehrerin einmal die ganze Klasse wegen genau diesen Worten ins Gebet genommen. »So, wie ihr das sagt«, sagte sie, »ist ›ich weiß nicht‹ eine glatte Lüge. Es drückt überhaupt nicht das aus, was ihr wirklich meint. Was ihr meint, ist ›ich möchte es nicht sagen‹ oder ›es ist besser, wenn ich es nicht sage‹.«

»Hey, Keller, wie heißt die Hauptstadt von South Dakota?« hatte einer der Jungs ihn mal gefragt.

»Es ist besser, wenn ich es nicht sage«, hatte er geantwortet.

Und war es besser, Dot nichts zu sagen? Daß der Auftrag in Boston einfach nicht zu den Sternen paßte? Daß der Tag, den der Kunde als ideal ausgewählt hatte, der kommende Mittwoch, ein Tag war, vor dem ihn seine Astrologin – seine Astrologin! – besonders gewarnt hatte, ein Tag voller Gefahr, ein Tag, an dem er einem hohen Risiko ausgesetzt war.

(»Was soll ich dann also an solchen Tagen machen?«

hatte er sie gefragt. »Mit verschlossenen Türen im Bett bleiben? Mir alle Mahlzeiten nach Hause liefern lassen?« – »Der Anfang ist schon mal keine schlechte Idee«, hatte sie geantwortet, »aber ich würde aufpassen, wer vor der Tür steht, bevor ich aufmache. Und ich würde auch aufpassen, was ich esse.« Der Junge aus dem Chinarestaurant könnte ein Ninja-Mörder sein, dachte er. In das Rind mit Austernsauce könnte jemand Blausäure gemischt haben.)

»Keller?«

»Die Sache ist die, Mittwoch ist einfach kein guter Tag für mich. Ich habe schon etwas anderes vor.«

»Was ist es, hast du schon Eintrittskarten für eine Matinee?«

»Nein.«

»Nein, natürlich nicht. Es ist eine Briefmarkenversteigerung, stimmt's? Die Sache ist aber auch die, daß Mittwoch der Tag ist, an dem die Zielperson zur Wohnung seiner Geliebten in Back Bay fährt. Er muß sich dort heimlich rüberschleichen und geht deshalb ohne Sicherheitspersonal. Das ist der Zeitpunkt, an dem du am einfachsten an ihn herankommst.«

»Und sie gehört auch zu dem Deal, die Geliebte?«

»Deine Entscheidung, ganz wie du möchtest. Sie gehört dazu oder nicht, was am besten ist.«

»Und es ist egal, wie das Ganze vonstatten geht? Muß nicht nach Unfall aussehen, soll nicht wie eine Hinrichtung wirken?«

»Ganz wie es dir beliebt. Du kannst den Scheißkerl in

einen Bottich Lanolin schmeißen und ihn zu Tode aufweichen. Alles ist erlaubt, er darf nur keinen Pulsschlag mehr haben, wenn du mit ihm fertig bist.«

Ein Auftrag, zu dem man kaum nein sagen konnte. Ein Auftrag, zu dem man kaum *ich weiß nicht* sagen konnte.

»Ich könnte mir vorstellen, daß auch der Mittwoch darauf möglich ist«, sagte Dot. »Der Kunde wollte lieber nicht warten, aber meiner Meinung nach wird er warten, wenn er muß. Er hat gesagt, daß er vor mir noch niemanden angerufen hat, aber das glaube ich nicht. Er ist von der Sorte, die nicht gerne Geschäfte mit einer Frau macht. Zumindest nicht, wenn es um unsere Sorte Geschäft geht. Also nehme ich mal an, daß ich sein dritter oder vierter Anruf war, und ich glaube, er wird eine Woche warten, wenn ich ihm sage, daß es vorher nicht geht. Soll ich das machen?«

Wollte er wirklich im Bett bleiben und darauf warten, daß der große Unbekannte bei ihm auftauchte?

»Nein, mach das nicht«, sagte er. »Diesen Mittwoch geht in Ordnung.«

»Bist du sicher?«

»Ich bin sicher«, sagte er. Er war sich nicht sicher, er war meilenweit davon entfernt, irgendwie sicher zu sein, aber es klang einfach viel besser als *ich weiß nicht*.

*

Am Dienstag, einen Tag, bevor er nach Boston gehen sollte, hatte Keller das dringende Bedürfnis, Louise Carpenter anzurufen. Es war ein paar Wochen her, seit sie mit ihm sein Horoskop besprochen hatte, und er würde sie erst in einem Jahr wieder aufsuchen. Er hatte gedacht, daß es vielleicht wie die Therapie werden würde, mit Terminen einmal in der Woche. Er kriegte mit, daß ein paar Klienten öfter zu einer astrologischen Wartung mit Ölwechsel vorbeikamen, aber er kriegte auch mit, daß für diese Klienten Astrologie so eine Art Hobby war. Er hatte schon ein Hobby, und Louise dachte offenbar, daß eine Sitzung pro Jahr genug war. Er hatte nichts dagegen.

Also würde er sie erst in einem Jahr wieder aufsuchen. Wenn er dann noch am Leben war.

*

Der Wetterbericht hatte für Mittwoch Regen und nochmals Regen vorhergesagt. Als er aufwachte, sah er gleich, daß das nicht als Witz gemeint gewesen war. Es war ein trostloser, grauer Tag, und es regnete in Strömen. In entschuldigendem Ton verkündete der Sprecher von New York One, es sei zu erwarten, daß die Niederschläge den ganzen Tag und den Abend anhalten würden, begleitet von starken Winden und Kälte. So, wie er das herunterlas, konnte man meinen, es sei seine Schuld.

Keller kleidete sich mit Anzug und Krawatte, gute Camouflage-Farben in einer formellen Stadt wie Boston und die Standard-Uniform im Luft-Shuttle. Er nahm seinen

Trenchcoat aus dem Schrank, zog ihn über und war nicht gerade erfreut über das, was er im Spiegel sah. Der Verkäufer hatte den Farbton olive genannt, und vielleicht war das auch so, zumindest im Neonlicht des Ladens. In dem kalten, feuchten Licht eines regnerischen Morgens aber sah das verdammte Ding grün aus.

Nicht grün wie Klee, nicht lindgrün, nicht einmal grün wie ein Golfrasen. Aber es war grün, eindeutig. Man konnte es am St. Patricks-Tag überwerfen und die Fifth Avenue hochmarschieren, und niemand würde einen mit einem Orangeman verwechseln. Es gab keinen Zweifel, das Teil war grün.

Normalerweise hätte ihn die Farbe des Mantels nicht gestört. Das Grün war nicht so auffallend, daß die Leute ihn anstarren oder gar pfeifen würden, doch gerade grün genug, daß er gelegentlich einen bewundernden Blick auf sich ziehen würde. Und es brachte gewisse Vorteile, wenn man einen Mantel besaß, der nicht wie alle anderen Mäntel auf der Stange aussah. Man erkannte ihn mit einem Blick und konnte ihn der Garderobiere zeigen, wenn man den Zettel nicht mehr fand. »Genau da, ein Stückchen links von Ihnen«, konnte man sagen. »Der grüne.«

Aber wenn man mit dem Flugzeug nach Boston unterwegs war, um einen Mann zu töten, dann wollte man nicht aus der Masse herausstechen. Man wollte in der Masse untergehen und aussehen wie alle anderen. Mit seinem unauffälligen Anzug und der Krawatte sah Keller so ziemlich wie alle anderen aus.

Mit seinem Mantel, da gab es keinen Zweifel, würde er herausstechen.

Konnte er auf den Mantel verzichten? Nein, draußen war es kalt, und in Boston würde es noch kälter sein. Sollte er den anderen Mantel nehmen, der einen unauffälligen beigen Farbton hatte? Nein, der war nicht wasserdicht, und er würde naß bis auf die Haut werden. Er könnte einen Schirm mitnehmen, aber viel nützen würde das auch nicht, nicht wenn der starke Wind den Regen hochpeitschte.

Sollte er sich einen neuen Mantel kaufen?

Aber das war einfach lächerlich. Er müßte warten, bis die Läden aufmachten, und dann würde er eine Stunde damit verschwenden, den neuen Mantel auszusuchen und den alten wieder in die Wohnung zurückzubringen. Und warum das alles? In Boston würde es keine Zeugen geben, und jeder, der ihn zufällig beim Betreten des Gebäudes sah, würde sich nur an den Mantel erinnern.

Und das war vielleicht sogar von Vorteil. Wie wenn man eine Postuniform anzog, sich den weißen Kragen eines Priesters umlegte oder sich als Weihnachtsmann verkleidete. Die Leute erinnerten sich an das, was man anhatte, und sonst an nichts. Den ganzen Rest, Dinge, die charakteristisch für die betreffende Person waren, bemerkte niemand. Den Daumen, zum Beispiel. Und wenn man die Uniform, den Kragen, den roten Anzug und den Bart ablegte, wurde man unsichtbar.

Normalerweise würde er keine Sekunde auf solche

Überlegungen verschwenden. Aber es war ein unheilvoller Tag, einer der Tage, vor denen ihn seine mütterliche Astrologin gewarnt hatte, und deshalb machte er sich wegen jeder Kleinigkeit Sorgen.

Es war schon ziemlich albern. Er hatte einen Feind, und dieser Feind wollte ihn umlegen. An diesem speziellen Tag war es besonders riskant für ihn. Und er hatte den Auftrag, einen Mann umzulegen, und so eine Aufgabe brachte unweigerlich Risiken mit sich.

Und bei alldem machte er sich Sorgen über seinen Mantel? Daß das Grün eine Spur zu auffällig war? Du meine Güte!

Reiß dich zusammen, ermahnte er sich.

*

Ein Taxi brachte ihn zum La Guardia und ein Flugzeug nach Logan, von wo aus ihn ein weiteres Taxi bis direkt vor das Ritz-Carlton-Hotel kutschierte. Er durchquerte die Lobby und verließ das Gebäude durch einen Ausgang, der auf die Newbury Street führte. Er ging die Straße entlang auf der Suche nach einem Sportwarengeschäft. Er ging eine Weile, und es kam keines, und er war sich nicht sicher, ob die Newbury Street überhaupt der Ort für einen solchen Laden war. Antiquitäten, Lederwaren, Designerklamotten, Schatullen von Limoges – so etwas konnte man hier kaufen, aber keine Polartec Sweatshirts oder Bergsteigerausrüstung.

Oder Jagdmesser. Falls man solch einen Gegenstand hier in Back Bay auftreiben konnte, dann wahrscheinlich nur mit einem Griff aus Elfenbein, einer Klinge aus Sterlingsilber und dazu ein dreistelliges Preisschild. Er war überzeugt, daß man hier etwas Wunderschönes finden konnte, das jeden Pfennig wert war, den man dafür bezahlte. Aber könnte er das Ding dann noch in einen Gully schmeißen, wenn es seinen Zweck erfüllt hatte?

Überhaupt, war es eigentlich ratsam, inmitten einer Großstadt an einem regnerischen Frühlingstag mitten in der Woche ein Jagdmesser zu kaufen? Bis zur Eröffnung der Jagdsaison waren es noch, was, sieben oder acht Monate? Wie viele Jagdmesser würden wohl heute in Boston verkauft werden? Wie viele davon würden von Männern in grünen Trenchcoats gekauft werden?

In einem Schreibwarengeschäft stöberte er in der Auswahl an Schreibtischutensilien herum und wählte schließlich einen Brieföffner mit einer stabilen, verchromten Klinge und einem Griff mit eingelegtem Onyx. Ohne zu fragen, verpackte die Verkäuferin ihn in einer Geschenkbox. Offenbar kam sie gar nicht auf die Idee, daß jemand so einen Gegenstand für sich selbst kaufen wollte.

Und in gewissem Sinn hatte Keller den Brieföffner ja nicht für sich selbst gekauft. Er hatte ihn für Alvin Thurnauer erstanden, und jetzt war die Zeit gekommen, das Geschenk abzugeben.

*

Keller hatte ein Foto der Zielperson gesehen, ein kräftiger Typ mit vollem hellbraunen Haar, der aussah, als verbringe er viel Zeit im Freien. Zusätzlich zu dem Foto hatte der Kunde eine Adresse in der Emerson Street angegeben und zwei Schlüssel zur Verfügung gestellt, einen für die Haustür und einen für das Apartment im ersten Stock, in dem Thurnauer und seine Geliebte Endlich-wieder-Mittwoch spielen würden.

Dot hatte ihm gesagt, daß Thurnauer gewöhnlich ungefähr um zwei Uhr auftauchte, und um halb zwei hatte Keller in einem Hauseingang auf der anderen Straßenseite Posten bezogen. In Boston war die Luft etwas kälter, und der Wind blies heftiger, aber der Regen kam ungefähr in der gleichen Stärke heruntergeprasselt wie in New York. Kellers Mantel war wasserabweisend, und der Wind hatte seinen Schirm noch nicht umgestülpt. Trotzdem blieb er nicht hundertprozentig trocken. Es war unmöglich, wenn der Regen gegen einen peitschte, als würde Gott persönlich den Baseballschläger schwingen.

Vielleicht war das ja das Risiko. An diesem verhängnisvollen Tag stand er in Boston im Regen und würde sich in der Kälte den Tod holen.

Er harrte aus, und kurz vor zwei kam ein Taxi, und ein Mann stieg aus. Er war erwartungsgemäß bis zur Unkenntlichkeit in einen Mantel gehüllt und trug einen Hut. Beide waren nicht grün. Kellers Herz schlug heftiger. Es hätte Thurnauer sein können – es hätte irgend jemand sein können –, und der Kerl stand auch vor dem richtigen Gebäude und schaute einen Moment hinüber, dann wandte er sich ab und ging die Straße hinunter. Er ging ein paar Häuser weit, dann ließ Keller ihn aus den Augen. Er zog sich wieder in den Schatten zurück und wartete auf Thurnauer.

Der tauchte auf die Sekunde genau auf. Kellers Armbanduhr zeigte exakt zwei Uhr an, und da war der Mann in voller Lebensgröße. Er war leicht zu erkennen, als er aus dem Taxi stieg. Er trug keinen Hut, und der braune Haarschopf war ein perfektes Erkennungszeichen, das man auf einen Blick identifizieren konnte.

Sollte er es jetzt machen?

Es war möglich. Daß er die Schlüssel hatte, hieß nicht, daß er sie auch benutzen mußte. Er könnte über die Straße preschen und Thurnauer erreichen, bevor der Mann die Haustür geöffnet hatte. Ihn auf der Straße niedermachen, ins Foyer stoßen, wo ihn nicht gleich die ganze Welt sehen würde, und innerhalb von Sekunden wäre er auf und davon.

Auf diese Weise müßte er sich keine Sorgen um die Geliebte machen. Aber es könnte andere Zeugen geben, Leute, die auf der Straße vorbeikamen, ein verdrossener Zeitgenosse, der aus dem Fenster in den Regen starrte. Und wenn er über die Straße rannte, wäre er enorm auffällig in seinem grünen Regenmantel. Und der Brieföffner war noch in der Geschenkbox, also müßte er es mit den Händen machen.

Bis er all diese Überlegungen durchgespielt hatte, war

der günstige Augenblick vorüber, und Thurnauer hatte das Gebäude schon betreten.

Auch gut. Wenn Thurnauer schon wegen dieser Bettgeschichte dran glauben mußte, dann sollte er ihm wenigstens die Möglichkeit geben, noch einmal auf seine Kosten zu kommen. Das war besser, als jetzt hineinzurasen und schlampig zu arbeiten. Thurnauer kriegte noch dreißig oder vierzig zusätzliche Minuten in seinem Leben, und Keller kam aus dem verfluchten Regen raus und kriegte eine Tasse Kaffee.

*

An der Theke, wo Keller sich nur ein kleines bißchen wie ein einsamer Mann auf einem Edward-Hopper-Poster vorkam, fiel ihm ein, daß er den ganzen Tag noch nichts gegessen hatte. Irgendwie hatte er das Frühstück verpaßt, was ungewöhnlich für ihn war.

Nun, es war ja schließlich ein Tag mit hohem Risiko, nicht? Lungenentzündung, Verhungern – hier draußen gab es viele Gefahren.

Er würde warten mit dem Essen. Er hatte keine Zeit dafür, und außerdem arbeitete er nicht gerne mit vollem Magen. Man wurde davon träge, die Reflexe langsamer, es verdarb einem die richtige Einschätzung. Es war besser, er wartete und genoß danach eine anständige Mahlzeit.

Sein Kaffee war noch zu heiß, und er ging auf die Herrentoilette und nahm den Brieföffner aus der Geschenkbox. Die Box warf er weg. Den Brieföffner steckte er in die Jackentasche, wo er ihn schnell greifen konnte. Man konnte damit nicht schneiden, denn die Klinge war abgestumpft. Aber er hatte eine gute, scharfe Spitze. Aber war sie scharf genug, um damit durch mehrere Schichten Stoff zu kommen? Ganz gut, daß er vorhin nicht einfach so losgelegt hatte. Jetzt konnte er warten, bis Thurnauer Mantel, Jacke und Hemd ausgezogen hatte, und dann hatte der Brieföffner ein leichteres Spiel.

Er trank den Kaffee aus, schlüpfte in den grünen Mantel, nahm den Schirm und ging zurück, um den Auftrag zu Ende zu bringen.

*

Es war alles kein Problem, wirklich nicht.

Die Schlüssel paßten. Im Eingang und auf den Treppen begegnete ihm niemand. Er horchte an der Tür des Apartments im ersten Stock, hörte Musik und Wasserrauschen, schloß auf und ging hinein.

Er klappte den Schirm zusammen, zog den Mantel aus, schlüpfte aus den Schuhen und schlich leise durch das Wohnzimmer und den Flur bis zum Schlafzimmer. Daher kam die Musik, und hier war auch die Frau, eine schlanke, verwaschene Blondine mit einer fast durchsichtigen weißen Haut. Sie saß im Schneidersitz auf der Kante des zerwühlten Bettes und rauchte.

Sie wirkte erschreckend verloren und schutzlos, und

Keller hoffte, daß er ihr nicht weh tun mußte. Wenn er an Thurnauer allein herankam, wenn er den Mann erledigen und abhauen konnte, ohne daß sie ihn sah, dann würde er sie leben lassen. Wenn sie ihn aber zu Gesicht kriegte, nun, dann sah die Sache wieder ganz anders aus.

Das Wasserrauschen in der Dusche hörte auf, und einen Augenblick später ging die Badezimmertür auf. Ein Mann mit einem dunkelgrünen Handtuch um die Hüften trat heraus. Der Kerl hatte kein einziges Haar auf dem Kopf, und Keller fragte sich, wie er es wohl angestellt hatte, im falschen Apartment zu landen. Dann erkannte er, daß es doch Thurnauer war. Der Kerl hatte seine Perücke abgenommen, bevor er unter die Dusche gegangen war.

Thurnauer ging zum Bett hinüber, verzog das Gesicht, nahm der Frau die Zigarette aus der Hand und drückte sie im Aschenbecher aus. »Gott, ich fände es wirklich schön, wenn du endlich aufhören würdest«, sagte er.

»Und ich fände es schön, wenn du mich endlich damit in Ruhe lassen würdest, daß ich aufhören soll«, sagte sie. »Ich habe es versucht. Ich kann nicht aufhören, okay? Nicht alle haben deine verfluchte Willensstärke.«

»Es gibt diesen Kaugummi«, sagte er.

»Ich habe mit dem Rauchen angefangen, weil ich mit dem Kaugummikauen aufhören wollte. Ich kann es nicht ausstehen, wenn erwachsene Frauen Kaugummi kauen, sieht aus wie eine Herde Kühe.«

»Oder diese Pflaster«, sagte er. »Warum probierst du es nicht mal mit so einem Pflaster?«

»Das war meine letzte Zigarette«, sagte sie.

»Weißt du, das hast du schon ein paarmal gesagt, und ich würde dir ja auch gerne glauben –«

»Ach was, du Idiot«, blaffte sie. »Es war die letzte Zigarette, die ich dabeihatte, nicht die letzte, die ich überhaupt rauche. Wenn du schon den strengen Papi spielst und mir meine Zigarette wegnimmst, muß es dann ausgerechnet die letzte sein?«

»Du kannst dir neue kaufen.«

»Was du nicht sagst«, sagte sie. »Da hast du verdammt recht. Ich kann mir neue kaufen.«

»Geh doch erst mal unter die Dusche«, sagte Thurnauer.

»Ich will gar nicht duschen.«

»Vielleicht regst du dich dabei ab und kriegst bessere Laune.«

»Du willst wohl eher sagen, ich rege mich ab, und *du* kriegst bessere Laune. Überhaupt, du kommst gerade aus der Dusche und führst dich auf, als wäre dir eine Laus über die Leber gelaufen. Zum Teufel mit der Dusche.«

»Geh schon.«

»Warum? Was ist denn los, stinke ich? Oder willst du mich bloß aus dem Zimmer raus haben, damit du jemanden anrufen kannst?«

»Mavis, du meine Güte ...«

»Du kannst von mir aus gerne ein anderes Mädchen anrufen, eine, die nicht raucht und nicht schwitzt und –«

»Mavis –«

»Ach, du kannst mich mal«, sagte Mavis. »Ich gehe jetzt unter die Dusche. Und setz deine Perücke auf, okay? Du siehst aus wie eine beschissene Billardkugel.«

Das Wasser in der Dusche lief, und Thurnauer stand gebeugt vor dem Schminkspiegel und rückte die Perücke zurecht. Keller legte ihm die Hand auf den Mund und stach den Brieföffner in seinen Rücken, zielte genau zwischen zwei Rippen und trieb die Klinge direkt ins Herz. Der kräftige Mann hatte keine Chance zur Gegenwehr; als er mitkriegte, was passierte, war es schon vorbei. Der Körper zuckte einmal, dann sackte er zusammen, und Keller ließ ihn zu Boden gleiten.

Das Wasser in der Dusche lief immer noch. Keller könnte draußen sein, bevor sie aus der Dusche kam. Aber sobald sie herauskam, würde sie Thurnauer sehen, und sie würde mit einem Blick erkennen, daß er tot war, und sie würde schreien und brüllen und toben und die Polizei rufen, und wer hatte schon Lust auf so etwas?

Außerdem war ihm bei dem Streit mit der Geliebten das Mitleid vergangen, das er mit ihr gehabt hatte. Er hatte darauf reagiert, daß sie so hilflos wirkte, auf ein Gefühl ihrer Zerbrechlichkeit, das ihre durchscheinende Haut in ihm ausgelöst hatte. In Wirklichkeit war sie eine keifende, durchtriebene, nörgelnde Meckerziege von einer Frau, und ungefähr so zerbrechlich wie ein Springerstiefel.

Deshalb umfaßte er sie von hinten, als sie aus dem Badezimmer kam, und brach ihr das Genick. Er ließ sie liegen, wo sie hinfiel, genau wie Thurnauer, den er auf dem Schlafzimmerboden hatte liegenlassen. Man könnte eine Szene arrangieren, daß es so aussah, als hätte sie ihn erst erstochen und sich dann bei einem Sturz den Hals gebrochen, aber damit würde man niemandem etwas vormachen, warum also die Mühe? Der Kunde hatte nur verlangt, daß der Mann tot war, und diesen Auftrag hatte Keller ausgeführt.

Es war ein bißchen schade um die Frau, aber es war auch kein allzugroßer Verlust. Sie war nicht gerade eine Mutter Teresa gewesen. Und man durfte sich nicht durch Gefühle beeinträchtigen lassen. Das war immer schlecht, besonders an einem Tag mit hohem Risiko.

*

Es gab gute Restaurants in Boston, und Keller überlegte, ob er vielleicht zu *Locke-Ober* gehen und sich ein richtig gutes Essen genehmigen sollte. Aber es paßte zeitlich nicht. Es war erst kurz nach drei, zu spät zum Mittagessen und noch zu früh für ein Abendessen. Wenn er in ein gehobeneres Restaurant ging, würden die Leute ihn anstarren.

Er könnte sich ein paar Stunden um die Ohren schlagen. Er hatte seinen Katalog nicht dabei, und dann machte es auch keinen Sinn, die Briefmarkenläden abzuklappern, aber er könnte ins Kino gehen, oder in ein Museum. Es sollte nicht so schwer sein, sich einen Nachmittag lang zu beschäftigen, nicht in einer Stadt wie Boston, du meine Güte.

An einem schöneren Tag wäre er ganz zufrieden damit gewesen, in Back Bay oder Beacon Hill herumzulaufen. Boston war eine angenehme Stadt zum Spazierengehen, nicht so gut wie New York, aber besser als die meisten Großstädte. Doch es goß immer noch in Strömen, und es machte keinen Spaß, bei Regen spazierenzugehen. Und Taxis waren auch nicht viele unterwegs.

Keller lief wieder die Newbury Street entlang, bis er ein Café entdeckte, das ganz gut aussah. Mit dem *Locke-Ober* war es natürlich nicht zu vergleichen, aber es lag auf dem Weg, und er würde jetzt etwas zu essen kriegen, und er war so hungrig, daß er nicht mehr warten konnte.

*

Die Kellnerin fragte ihn, ob es ein Problem gebe. »Es geht um meinen Regenmantel«, erklärte er ihr.

»Was ist mit Ihrem Mantel?«

»Na, das ist das Problem«, sagte er. »Ich habe ihn dort drüben an den Haken gehängt, und jetzt ist er weg.«

»Sind Sie sicher, daß er nicht da ist?«

»Absolut.«

»Diese Sorte Regenmantel sehen sich nämlich alle ziemlich ähnlich, und da hängen drei Mäntel, und –«

»Meiner ist grün.«

»Richtig grün? Oder mehr olivgrün?«

Was machte das für einen Unterschied? Da hingen drei Regenmäntel, alle in verschiedenen Beigetönen, die überhaupt nicht wie seiner aussahen. »Der Verkäufer hat den Farbton olive genannt«, sagte er, »aber es war ziemlich grün. Und er ist nicht mehr da.«

»Sind Sie sicher, daß Sie ihn anhatten, als Sie hereinkamen?«

Keller zeigte aus dem Fenster. »Es hat schon den ganzen Tag so geregnet«, sagte er. »Welcher Schwachkopf würde bei so einem Wetter ohne Mantel auf die Straße gehen?«

»Vielleicht haben Sie ihn irgendwo liegenlassen.«

War das möglich? Er hatte den Mantel in der Emerson Street abgelegt. Konnte es sein, daß er ihn da vergessen hatte?

Nein, es war ausgeschlossen. Er erinnerte sich, wie er ihn angezogen hatte, erinnerte sich, daß er den Schirm aufgespannt hatte, als er auf die Straße trat, erinnerte sich, wie er sowohl den Mantel wie den Regenschirm an den Haken gehängt hatte und dann auf die Bank gerutscht war und sich die Karte genommen hatte. Und wo war eigentlich der Schirm? Weg, genau wie der Mantel.

»Ich habe ihn nirgends liegenlassen«, sagte er bestimmt. »Ich hatte den Mantel an, als ich hereingekommen bin, und ich habe ihn genau hier aufgehängt, und jetzt ist er nicht mehr da. Mein Schirm fehlt übrigens auch.«

»Vielleicht hat ihn jemand aus Versehen mitgenommen.«

»Aus Versehen? Er ist grün.«

»Vielleicht war der Mensch farbenblind«, bot sie als Erklärung an. »Oder er hat einen grünen Mantel daheim und vergessen, daß er heute den beigen anhatte, und hat dann Ihren aus Versehen mitgenommen. Wenn der Mantel zurückgebracht wird –«

»Niemand wird ihn zurückbringen. Mein Mantel wurde gestohlen.«

»Warum sollte jemand einen Mantel stehlen?«

»Wahrscheinlich, weil er keinen eigenen Regenmantel dabeihatte«, sagte Keller geduldig, »und draußen schüttet es aus Kübeln, und er wollte nicht naß werden, genausowenig wie ich. Die drei Mäntel an der Garderobe gehören Ihren drei anderen Gästen, und ich werde niemandem den Mantel stehlen. Und der Kerl, der meinen Mantel geklaut hat, wird ihn nicht zurückbringen. Was soll ich jetzt also machen?«

»Wir übernehmen keine Haftung«, sagte sie und zeigte auf ein Schild, das ihre Worte bestätigte. Keller war nicht überzeugt, daß das Schild ausreichte und das Restaurant nicht doch haftbar war, aber es spielte keine Rolle. Er würde nicht gegen sie prozessieren.

»Wenn Sie wünschen, kann ich die Polizei anrufen, und Sie können eine Anzeige machen ...«

»Ich möchte hier nur trocken fortkommen«, sagte er. »Ich brauche ein Taxi, aber wenn ich da draußen warte, bin ich ersoffen, bis eins vorbeikommt.«

Ihr Miene hellte sich auf, weil sie ihm endlich weiterhelfen konnte. »Genau da drüben«, sagte sie. »Sehen

Sie das Hotel? Unter dem Vordach stehen Sie im Trockenen, und es kommen den ganzen Tag Taxis und setzen Leute ab. Und wissen Sie was? Ich wette, Angela an der Kasse hat einen Schirm, den Sie mitnehmen können. Die Gäste lassen andauernd welche stehen, und wenn es nicht gerade regnet, werden die selten wieder abgeholt.«

Das Mädchen an der Kasse überreichte ihm einen schwarzen Taschenschirm, nicht gerade stabil, aber funktionsfähig. »Ich erinnere mich an den Mantel«, sagte sie. »Grün. Ich hab ihn beim Hereinkommen bemerkt, und wieder beim Gehen, aber mir ist überhaupt nicht aufgefallen, daß zwei verschiedene Leute gekommen und gegangen sind. Es war wirklich ein ganz ausgefallenes Kleidungsstück. Glauben Sie, daß Sie so einen Mantel noch mal finden?«

»Wird nicht ganz einfach«, sagte er.

*

»Du wolltest diesen Job nicht machen«, sagte Dot, »und ich habe einfach nicht verstanden, warum. Sah aus wie ein kleiner Spaziergang, und wie es sich anhört, war es genau das.«

»Ein Spaziergang im Regen«, erwiderte er. »Mein Mantel ist mir gestohlen worden.«

»Und dein Schirm. Na, da draußen treiben sich wirklich ein paar gewissenlose Burschen herum, Keller, sogar in einer anständigen Stadt wie Boston. Du kannst dir einen neuen Mantel kaufen.«

»Ich hätte den gar nicht erst kaufen sollen.«

»Er war grün, hast du gesagt.«

»Zu grün.«

»Was hattest du vor damit, wolltest du warten, ob er reif wird?«

»Mein Problem ist das jetzt nicht mehr«, sagte er. »Mein nächster wird beige.«

»Mit Beige kann man nichts falsch machen«, stimmte sie zu. »Aber nicht zu hell, sonst sieht man alles. Ich würde dir zu einem raten, der fast schon ins Hellbraune geht.«

»Irgend so was.« Er schaute zu ihrem Fernseher. »Was glaubst du, über was die gerade reden?«

»So faszinierend wie Regenmäntel kann es nicht sein, nehme ich an. Ich kann den Ton anstellen, aber ich glaube, wir haben mehr davon, wenn wir weiter herumrätseln.«

»Du hast wahrscheinlich recht. Ich frage mich, ob es das war. Daß ich den Regenmantel verloren habe, meine ich.«

»Ob es was war?«

»Dieses komische Gefühl.«

»Du hattest ein komisches Gefühl bei dem Job in Boston, stimmt's? Es war gar keine Briefmarkenversteigerung. Du wolltest den Auftrag nicht annehmen.«

»Ich habe es gemacht, oder nicht?«

»Aber du wolltest nicht richtig. Erzähl mir doch mal was über dieses komische Gefühl, Keller.«

»Es war nur ein komisches Gefühl«, sagte er. Er konnte ihr noch nichts von dem Horoskop sagen. Er konnte sich ihre Reaktion genau vorstellen, und er wollte es nicht hören.

»Du hattest schon mal so ein komisches Gefühl«, sagte sie. »In Louisville.«

»Das war ein bißchen was anderes.«

»Und beide Male sind die Aufträge gut gelaufen.«

»Das stimmt.«

»Was glaubst du dann, woher diese komischen Gefühle kommen? Hast du irgendeine Ahnung?«

»Nicht richtig. Dieses Mal war das Gefühl sowieso auch nicht so stark. Und ich habe den Auftrag angenommen und ihn ausgeführt.«

»Und alles ist aalglatt gelaufen.«

»Mehr oder weniger«, sagte er.

»Mehr oder weniger?«

»Ich habe einen Brieföffner benutzt.«

»Wozu denn? Ach, tut mir leid, bescheuerte Frage. Wo hattest du ihn her, lag er auf seinem Schreibtisch?«

»Ich habe ihn auf dem Weg dorthin gekauft.«

»In Boston?«

»Nun, ich wollte ihn nicht durch den Metalldetektor schleusen. Ich habe ihn in Boston gekauft, und ich habe ihn mitgenommen, als ich gegangen bin.«

»Natürlich. Und du hast ihn in eine Mülltonne geworfen, oder in einen Gully. Aber so war es nicht, sonst hättest du das Thema erst gar nicht angeschnitten. Ach, du lieber Himmel, Keller. Die Manteltasche?«

»Zusammen mit den Schlüsseln.«

»Welche Schlüssel? Verdammt, die Schlüssel zu dem Apartment. Ein Bund Haustürschlüssel und eine Mordwaffe, und die trägst du einfach so in der Manteltasche herum.«

»Ich wollte sie auf dem Weg zum Flughafen in einen Gully schmeißen«, sagte er, »aber zuerst wollte ich etwas essen, und dann war auf einmal mein Mantel weg.«

»Und der Dieb hat mehr ergattert als nur einen Mantel.«

»Und einen Schirm.«

»Hör doch mal auf mit dem Schirm, okay? Außer dem Mantel hat er die Schlüssel und einen Brieföffner erwischt. An den Schlüsseln war kein Schildchen mit der Adresse, oder?«

»Nur zwei Schlüssel an einem einfachen Metallring.«

»Und ich hoffe doch, du hast deine Initialen nicht in den Brieföffner eingravieren lassen.«

»Nein, und ich habe ihn saubergewischt«, sagte er. »Trotzdem.«

»Nichts, das auf dich hinweist.«

»Nein.«

»Trotzdem«, sagte sie.

»Das habe ich gerade gesagt. ›Trotzdem.‹«

*

Später besorgte Keller sich die Bostoner Tageszeitungen.

Beide berichteten ausführlich über den Mord. Es stellte sich heraus, daß Alvin Thurnauer auf lokaler Ebene ein wichtiger Geschäftsmann gewesen war, mit Beziehungen zu politischen Interessensgruppen und, so wurde in den Zeitungen angedeutet, auch zu weniger feinen Kreisen. Daß er in einem Liebesnest gewaltsam zu Tode gekommen war, zusammen mit einer Blondine, mit der er nicht verheiratet war, verminderte den Sensationswert seines Todes nicht im geringsten.

In beiden Zeitungen wurde versichert, daß die Polizei mehreren Hinweisen nachging. Keller las zwischen den Zeilen und kam zu dem Schluß, daß sie keinen blassen Schimmer hatten. Vielleicht ahnten sie, daß jemand für den Mord an Thurnauer einen Profikiller angeheuert hatte, und sie konnten vielleicht sogar erraten, wer dieser Jemand war, aber das brachte sie keinen Deut weiter. Es gab keine Zeugen, keine brauchbaren Beweise.

Fast hätte er den zweiten Mord überlesen.

Im *Globe* kam nichts darüber. Aber im *Herald* stand etwas, ein kurzer Artikel auf den hinteren Seiten. Ein Mann war tot auf dem Boston Commons gefunden worden, niedergestreckt mit zwei Kopfschüssen aus einer kleinkalibrigen Waffe.

Keller konnte sich den armen Schlucker genau vorstellen, wie er mit dem Gesicht im Gras lag und der Regen ohne Unterlaß auf ihn niederprasselte. Er konnte sich auch den Mantel des toten Mannes genau vorstellen. Im *Herald* stand nichts über den Mantel, aber das war auch nicht nötig. Keller konnte ihn sich trotzdem genau vorstellen.

Grün wie das Gras.

Er starrte intensiv seinen Daumen an, dann suchte er in einer Schublade nach der Kopie seines Horoskops, die Louise ihm gegeben hatte. Es sah jetzt noch beeindruckender aus, wenn auch genauso unverständlich. Er legte es zurück in die Schublade.

Später, als der Himmel dunkel war, ging er nach draußen und schaute hoch zu den Sternen.

Aus dem Amerikanischen von Lisa Kuppler

Lauren Henderson
Der dunkle Spiegel

Für meine Schwester Lisa

Letzte Nacht konnte ich nicht schlafen. Ich dachte, wenn Terry erst einmal weg ist, weggeschickt, dann könnte ich wieder schlafen. Das hatte er jedenfalls gesagt, und er ist Arzt, Psychiater, er sollte es also wissen. Aber er hatte unrecht. Ich liege wach neben ihm und höre ihn gleichmäßig atmen. Daß ich hellwach bin und die Decke anstarre, bemerkt er anscheinend gar nicht. Er stellt mir auch am nächsten Morgen keine Fragen, obwohl ihm doch die dunklen Ringe unter meinen Augen auffallen müssen. Aber vielleicht sieht er die ja auch nicht.

Früher gab es eine Zeit, da dachte ich, er wisse alles. Er wirkte wie jemand, der alles weiß. Deshalb hatte ich ihn geheiratet.

Als ich letzte Nacht wachlag, habe ich mich nicht ständig hin- und hergewälzt. So ist das nie. Ich stehe jeden Morgen auf und stelle fest, daß das Laken auf meiner Seite des Bettes kaum zerwühlt ist. Ich war schon immer die Ruhige. Eine von euch beiden muß so sein, sagte unsere Mutter: Wie soll ich euch sonst auseinanderhalten?

Diese Geschichte beginnt dort, wo der Film *Dunkler Spiegel* in dem Olivia de Havilland sowohl die Rolle der Ruth als auch die der Terry spielt.

Ich bewegte mich kein bißchen. Ich lag regungslos auf dem Bett und erinnerte mich an den schrecklichen Abend, als sie kamen und Terry in die Anstalt brachten. Eigentlich hätte ich erleichtert sein sollen, aber ich war es nicht; ich fühlte mich nur sehr müde, fast bis auf den Tod müde. Das war die schlimmste Situation überhaupt, jener Abend. Es war sogar noch schlimmer als der Tag, als man die Leiche des ermordeten Arztes entdeckte und uns nachweisen konnte, daß wir ungefähr zu der Zeit, als es passiert sein mußte, in seinem Apartment waren. (Wenn ich »wir« sage, meine ich natürlich nicht uns beide. Es ist nur die Kurzform, die Zwillinge benutzen. Ich meine nur eine von uns beiden.)

Und natürlich wußten die Leute, wer wir waren. Wir betrieben den kleinen Kiosk unten in der Eingangshalle des Gebäudes. Jeder kannte uns. Und ich meine wieder nicht uns beide; ich meine nur eine von uns. Niemand hatte eine Ahnung, daß wir eineiige Zwillinge waren. Die Leute glaubten, wir wären ein Mädchen, ein Mädchen, das Terry hieß. Es war so ein kleines Spiel, das wir mit ihnen trieben, ein harmloses, albernes Spiel. Und wir hatten auch eine Affäre mit ihm, dem Arzt, der umgebracht worden war. Diesmal meine ich uns beide.

Das war auch so ein Spiel. Es hatte nichts zu bedeuten; keine von uns beiden hatte etwas für ihn übrig, nicht wirklich, es war nichts Ernstes. Aber der Mann war clever. Die meisten Männer fanden nie heraus, daß es zwei von uns gab, die Lebhafte und die Ruhige. Aber er kam dahinter.

Und er hatte eine Vorliebe für eine von uns. Er sagte häßliche Dinge über die andere, die er nicht mochte. Das war sehr gemein von ihm, unnötig und grausam. Deshalb wurde er umgebracht. Ich denke, es gibt Morde, die aus viel niedrigeren Beweggründen begangen werden.

Als ich an jenem Abend aus dem Schlafzimmer kam, fiel mir als erstes der Spiegel ins Auge. Er hing an der Wand gegenüber, und ich konnte das Sofa in ihm sehen. Terry saß auf dem Sofa und redete noch; sie hatte mich noch nicht wahrgenommen, und ihre Augen glänzten, der Gesichtsausdruck war angeregt und voll von dieser Lebendigkeit, um die ich sie immer beneidet habe. Ich empfand die Dinge ganz anders als Terry. So leidenschaftlich wie sie war ich nicht.

Sie saß nach vorne gebeugt, als ob sie sich mit jemandem unterhalten würde, der neben ihr saß. Aber es saß niemand neben ihr. Auf dem Kopf trug sie den kleinen, eleganten schwarzen Hut mit den Glitzerperlen, den ich so sehr mochte, aber jedes Mal, wenn ich ihn aufsetzte, paßte er irgendwie nicht zu mir. Ich war mit dem Hut nie auf die Straße gegangen. Immer wenn Terry ihn aufhatte, dachte ich: Siehst du, ihr steht der Hut gut! Und ich bemerkte, daß sich auf der Straße Passanten umdrehten und sie bewundernd ansahen. Mir war klar, daß er für mich nicht das richtige war. Ich wußte ihn nicht zu tragen.

Terry trug ihr schwarzes Lieblingskleid; sie hatte viele Lieblingskleider, aber dieses zog sie immer zu besonders wichtigen Anlässen an, wenn sie selbstbewußt auftreten wollte. Ich fand, daß sie ausgesprochen schön aussah. Es war ungewöhnlich, daß ich soviel Abstand zu ihr hatte und in der Lage war, ihr Aussehen zu beurteilen, denn es fühlte sich immer ein bißchen so an, als wenn ich mich selbst einschätzen würde. Aber an jenem Abend gelang es mir irgendwie, die nötige Distanz einzunehmen.

Ich sah auch mich selbst im Spiegel, und zwar über Terrys Kopf. Nur der obere Teil meines Körpers bis zu den Brüsten war zu sehen, dann schnitt der geneigte Spiegel mich ab; ich schwebte an der Wand wie ein Gemälde, in einem weißen Morgenrock, die Haare nach hinten gekämmt, weil sie gewaschen werden mußten. Ich fühle eine Sehnsucht nach ihr schon allein, wenn ich daran denke, wie sie den Kopf auf ihre charakteristische Weise bewegte, das schnelle Nicken, wenn sie sich unterhielt, wie jemand, der seine Worte mit kleinen, zustimmenden Kopfbewegungen unterstreicht. Aber was sie sagte, war verrückt, war wahnsinnig. Er hatte recht, sie war verrückt. Damals hatte ich es zum ersten Mal deutlich wahrgenommen.

Sie sagte, sie sei ich, Ruth; sie wäre nicht Terry. Niemand hätte jemals Terry gewollt, es wäre immer Ruth gewesen, in die sich die Männer verliebt hätten. Mit Terry stimme etwas nicht, sie habe ein ernsthaftes Problem. Alle Leute wüßten das. Ich stand da und beobachtete sie, und es war, als würde mir das Herz aus der Brust gerissen, wenn ich sie solche Dinge über sich selbst sagen hörte.

Für mich war klar, daß sie nicht so sein mußte, verstehen Sie? Ich erinnerte mich daran, wie sie früher war, als wir noch jünger waren, oder vor noch gar nicht langer Zeit, bevor die Dinge aus der Bahn gerieten, bevor dieser Mann, dieser Arzt, sie so grausam behandelte. Als wir klein waren, lachten wir immer, machten Witze und tranken Milchshakes in dem kleinen Laden im Ort, später waren es dann Cocktails, die wir beide, vollkommen glücklich miteinander, mit Strohhalmen tranken, und uns dabei alberne Witze erzählten, die wir schon tausendmal gehört hatten und über die wir von neuem lachten, weil wir einfach so glücklich sein konnten, wenn wir uns dumme, alberne Mädchenwitze erzählten. Ja, sie konnte ganz anders sein. Aber das wollte anscheinend niemand sehen.

Wie konnte sie sich so verändern? Das war etwas, was er mir nie hatte erklären können. Er sagte nur, sie wäre schlecht und ich sei gut. Und in seinen Worten klang das unabänderlich, in Stein gemeißelt, fast so, als wenn sie die Schlechte sein müsse, damit ich die Gute sein konnte. Trotzdem konnte er nicht erklären, warum. Damals hinterfragte ich nicht, was er sagte. Ich mußte etwas haben, an das ich glauben konnte, nachdem Terry weg war. Aber das ist keine wirkliche Entschuldigung.

Trotzdem, als ich sie damals anschaute, konnte ich sehen, daß er mit einer Sache recht hatte. Sie war verrückt. Bis zu diesem Moment hatte ich es nicht wahrhaben wollen. Ich hatte versucht, sie zu beschützen. Ich sagte der Polizei, wir hätten die Nacht, jene Nacht, in der der Arzt umgebracht wurde, zusammen verbracht und wir hätten beide die Wohnung nicht verlassen. Und solange ich fest bei meiner Geschichte blieb, obwohl man eindeutig festgestellt hatte, daß eine von uns in der Wohnung des Arztes gewesen war, hatten wir nichts zu befürchten.

Was können die schon machen? sagte sie. Sie konnten uns ja schlecht beide verhaften. Und sie hatte recht. Sie konnten nichts tun. Aber sie waren sich sicher, daß ich oder sie es gewesen war. Terry sagte, jemand anderes müsse den Arzt umgebracht habe, und natürlich glaubte ich ihr. Nicht so die Polizei. Sie brachten uns zu ihm, damit er herausfand, was in unseren Köpfen vorging. Er will uns kirre machen, sagte Terry. Ich war wütend auf sie, als sie ihn schlechtmachte, denn damals war ich ganz verliebt in ihn. Genauso verliebt war ich in seine Tests, diese psychiatrischen Tests, mit denen man feststellt, ob jemand verrückt ist. Der mit den Tintenklecksen war besonders lustig. Es war, als ob man wieder Kind sein durfte und alberne Spiele machen konnte. Und es war wunderschön, einfach nur dazusitzen und mit ihm zu reden. Er war ziemlich jung, aber in seinem weißen Kittel und dem Büro mit den ganzen wissenschaftlichen Tabellen kam es mir so vor, als wisse er alles, was jemals passiert war, alles, was ich fühlte. Es war eine Erleichterung für mich. Ich vertraute ihm.

Terry war natürlich auch in ihn verliebt. Wir verguckten uns immer in dieselben Männer. Oder war es so, daß sie sich immer in die verknallte, die mir gefielen? Ich werde sie das nie mehr fragen können.

In dem Raum waren auch alle diese Männer. Zuerst hatte ich sie gar nicht bemerkt, ich hatte nur Terry gesehen. Aber dann bewegten sie sich – nicht viel, aber genug, daß ich ihre Anwesenheit wahrnahm. Sie drehten sich um und sahen mich an. Alle außer einem. Ich stand im Zimmer, fast noch auf der Türschwelle. Sie bemerkte auch, daß alle sich umdrehten, und ihre Augen folgten der Richtung ihrer Blicke. Dabei ruckte ihr Kopf hin und her und erinnerte mich wieder an ihre kurzen, schnellen Nickbewegungen. Sie hörte mitten im Satz auf zu reden, und unsere Blicke trafen sich im Spiegel. Ich kann kaum beschreiben, was ich in ihren Augen sah. Verzweiflung, vielleicht. Eine entsetzliche Traurigkeit. Denn natürlich widersprach meine Anwesenheit dort im Zimmer allem, was sie gesagt hatte, und widerlegte die tröstende Geschichte, die sie sich selbst eingeredet hatte. Als sie mich ansah, wußte sie, daß ich Ruth war und sie Terry. Hier war der Beweis, schwarz auf weiß. Wie die Kleidung, die wir trugen.

Alles, was ich sagen konnte, war: »Es tut mir so leid, Terry.« Und meine Stimme klang so hilflos, daß ich mich selbst dafür haßte.

Ich war mir nie sicher, warum sie sich Terry nannte. Mir war Teresa lieber, so wie sie getauft war. Genaugenommen hätte es mir gefallen, wenn ich diesen Namen bekommen hätte. Es war so ein schöner Name, viel schöner als Ruth. Früher erzählte ich den Leuten oft zum Spaß, daß ich mit Terry zusammenwohnte. Manche dachten dann, ich würde mit einem Mann namens Terence leben, und sie sahen ja, daß ich unverheiratet war, weil ich keinen Ring trug. Für einen Augenblick waren sie dann immer ganz schockiert. Wenn sie mir dann wieder ins Gesicht schauten, wurde ihnen klar, daß ich so ein loses Mädchen nicht sein konnte, und fragten mich schließlich, wen ich meine.

Terry sagte immer noch nichts. Plötzlich haßte ich die Stille, haßte sie unbändig. Aber mir fiel nichts ein, was ich sagen konnte. Ich hätte zu ihr hingehen, mich neben sie setzen, sie in meine Arme schließen sollen; ich hätte ihr sagen sollen, daß ich da wäre und alles gut würde. Aber ich konnte es nicht. Vielleicht hatte ich immer noch Angst vor ihr.

Er sagte später, sie hätte versucht, mich in den Wahnsinn zu treiben. Sie hätte mir einreden wollen, ich hätte diesen Arzt umgebracht. Und in den letzten beiden Wochen war es wirklich schrecklich gewesen. Ich konnte nicht schlafen; ich weinte die ganze Zeit, vergrub das Gesicht in den Händen und versuchte, mich an etwas zu erinnern, was ich einfach nicht getan hatte. Aber sie wollte mich nicht in den Wahnsinn treiben. Sie war einfach selbst dem Wahnsinn nahe und machte sich selbst vor, daß sie es nicht getan hatte. Ich weiß es. Terry ist ein Teil von mir. Ich weiß, wie sie denkt und fühlt. Die Leute meinen, ich würde vieles nicht mitbekommen, weil ich ruhig und nett bin und sie die Schlaue und Redegewandte ist, aber sie haben unrecht; ich sehe sehr wohl, wie die Menschen sind. Und ganz egal, was er gesagt hat, ich weiß, daß Terry mir niemals etwas zuleide getan hätte.

Ich kann allerdings fairerweise nicht von ihm erwarten, daß er das versteht. Wie könnte er das? Er sah alles nur von außen und glaubte, mein Leben sei in Gefahr, und er liebte mich, deshalb wollte er mich beschützen. Dafür habe ich Verständnis. Aber er tut so, als hätten seine ganze Besorgnis, seine Befürchtungen nur mir gegolten, und das ist heuchlerisch. Schließlich hatte Terry bereits einen Mann umgebracht, weil er mich ihr vorzog und ihr einreden wollte, sie sei verrückt. Und jetzt sagte er genau dasselbe zu ihr, und war auch Arzt, wie der andere Mann. Niemand kann mir weismachen, daß er nicht auch ein bißchen Angst um sein eigenes Leben hatte.

Die Männer um uns herum waren still, aber ich hörte sie atmen, ungleichmäßig, nervös. Ihre Anwesenheit erfüllte den Raum, nicht nur ihre körperliche Präsenz, sondern auch die Intensität, mit der sie uns beobachteten. Es kam mir irgendwie so vor, als wären sie schon immer dagewesen, hätten aber erst jetzt beschlossen, sich bemerkbar zu machen. Er war einer von ihnen, und er paßte perfekt dazu. Alle außer einem trugen dunkle Anzüge. Er saß am Tisch und ließ Terry nicht aus den Augen. Ich weiß nicht, warum ich mir dessen so sicher bin, denn ich ließ Terry ebenfalls keinen Moment aus den Augen, aber ich bin mir ganz sicher. Er hatte sehr kurze Haare und war ganz in

Weiß gekleidet, wie ich. Weiße Jacke, weiße Hose. Eine Krankenhausuniform. So sehr war ich mir der Schönheit von Terry bewußt – ihrer Ähnlichkeit mit mir, aber auch ihrer Andersartigkeit –, daß er mir für einen Augenblick wie ein weiteres Abbild meiner selbst vorkam, regungslos und weiß, wie ich es war, und dabei ebenso auf sie konzentriert wie ich. Denn von dem Moment an, als ich durch die Tür trat, bewegte ich mich kein bißchen, und er saß wie eine Statue da und bewegte sich auch nicht.

Dann, mit einem Mal, regte sich etwas in Terrys Gesicht, und ihre Züge verzerrten sich zu einem Ausdruck, den ich kannte. Sie sprang auf, nahm einen Aschenbecher vom Tisch und schleuderte ihn geradewegs in den Spiegel. Und was sie im Spiegel sehen konnte, außer sich selbst natürlich, war ich in meinem weißen Morgenrock. Es war so, als würde sie auf mich zielen, auf mein Spiegelbild, auf uns beide zusammen. Aber nicht auf mich, nicht auf die wirkliche Ruth. Es ist sehr wichtig, sich das klarzumachen. Es war das Bild von uns beiden zusammen, das sie nicht ertragen konnte. Nicht einmal er verstand diese Bedeutung – die Bedeutsamkeit, wie er sich auszudrücken pflegte. Aber ich sah es, und ich verstand es. Es war nicht ich, Ruth, die sie haßte. Es war die Art und Weise, in der die Leute uns zusammen wahrnahmen.

Natürlich traf sie den Spiegel mit dem Aschenbecher genau in der Mitte; sie hatte schon immer gut zielen können. Der Spiegel zersplitterte. Und in diesem Augenblick zersplitterte auch sie. Die Leute sprangen auf, Körper stürzten vorwärts. Ich drehte mich weg von der Stelle, wo der Spiegel gehangen hatte – da war nur noch ein leerer Rahmen –; ich mußte sie in Fleisch und Blut sehen. Sie lag in den Armen des weißgekleideten Mannes und schluchzte; sie war ganz in sich zusammengefallen, der schwarze Hut rutschte ihr vom Kopf, sie war nicht mehr schön oder irgend etwas, das ich mit einem Wort beschreiben könnte.

Er kam zu mir und legte den Arm um mich. Ich klammerte mich an ihn, hielt mich ungeschickt am dunklen Material seines Anzugs fest, während Terry an ihrem Wächter mit dem weißen Jackett hing. Wir standen wie erstarrt, dunkel und hell, Licht und Schatten, zwei Paare. Aber ich weinte nicht.

Als ich aufwachte, hatte ich mein Nachthemd an. Er hatte mir anscheinend den Morgenrock ausgezogen und mich mit einem Beruhigungsmittel zu Bett gebracht. Und er saß auf dem Bettrand und lächelte mich an. Alles ist in Ordnung, das sagte sein Lächeln. Er holte ein Frühstückstablett und kam sofort damit zurück; er hatte schon alles vorbereitet und nur auf mich gewartet. Ich schlürfte den Kaffee und lächelte ihm ins Gesicht. Er sagte: »Sagen Sie mal, Miss Collins?« und ich sagte: »Was?«, und er sagte: »Wie kommt es, daß Sie so viel schöner sind als Ihre Schwester?« Und ich lächelte ihn wieder an, mit meinem bezauberndsten Lächeln.

Dieses dauernde Lächeln, wie Risse im Gips ... In diesem Moment hört es auf. In diesem Moment hätte es aufhören sollen.

Ich vermisse sie so sehr. Ich kann es ihm nicht sagen; er würde mich für verrückt halten. Ich meine das natürlich nicht wörtlich. Ich bin die Normale. Aber er würde es nicht verstehen, und er würde sich Sorgen machen. Immerhin, sagte er, hat sie versucht, dich in den Wahnsinn zu treiben. Sie wollte dir einreden, du hättest den Arzt umgebracht; sie hat dir Schlaftabletten gegeben, hat dir so lange erzählt, du hättest Alpträume, bis du ihr geglaubt hast und wirklich Alpträume hattest; sie hat mir lauter Lügenmärchen über dich erzählt, und zu guter Letzt, als sie schon fast völlig durchgedreht war, hat sie so getan, als wenn sie du wäre und du sie. Sie hat so getan, als müßtest du eingeliefert werden.

Und was habe ich gesagt? Ja, ich weiß, aber ..., aber ...

So fühle ich mich, ich kann es nicht richtig ausdrücken. Worte waren noch nie meine Stärke. Terry war die Redegewandte. Wenn wir mit Jungs ausgingen, beeindruckte sie mich und sie mit ihrem Witz, mit ihrer Schlagfertigkeit, und ich saß nur immer schweigend und eifersüchtig da, und war zugleich stolz auf sie. Alles, was sie sagte, glitzerte irgendwie, während es aus meinem Mund banal geklungen hätte. Aber ich war diejenige, die nach Hause begleitet wurde, vor deren Haustür sie herumstanden, die angerufen wurde und die man zögerlich, schüchtern bat, mit ihnen auszugehen. Allmählich verstand ich, daß dies das Muster sein würde, und wenn wir zusammen ausgingen, konnte ich schweigend dabeisitzen und warten, bis ich an die Reihe kam. Aber jetzt wünschte ich, ich könnte mich besser ausdrücken und hätte meine Redegewandtheit wie sie an den Jungs geschult. Denn ich schaffe es nicht, ihm die Gefühle zu erklären, die ich immer noch für sie empfinde. Ich kann nur darüber nachdenken, unzusammenhängend vor mich hinbrabbeln. Ich bin nicht sicher, ob ich mich verständlich mache.

Nein, das stimmt nicht. Ich bin sehr wohl verständlich. Ich weiß gar nicht, warum ich das gerade gedacht habe. Es ist etwas, was ich sehr oft sage, wenn ich länger als gewöhnlich rede. Dann verändert sich der Gesichtsausdruck der Männer, die mir zuhören. Ihr Gesicht wird weicher, sie lächeln mich auf diese ermutigende Weise an, so wie ich es gewöhnt bin, und ich fühle mich wieder wohl in meiner Haut.

Doch, ich drücke mich verständlich aus. Ich wünschte, ich hätte eine Freundin, mit der ich darüber reden könnte. Terry war die einzige Freundin, die ich je wollte; mein Zwilling, meine Schwester, sie war alles, was ich hatte, und alles, was ich brauchte. Ich stellte mir immer vor, daß wir, wenn wir verheiratet wären, nebeneinander wohnen würden, und zwar so nah wie möglich, und uns jederzeit in unseren jeweiligen Häusern besuchen würden, daß wir die Rezepte austauschen würden, die wir aus Zeitschriften ausgeschnitten hatten, und daß unsere Kinder zusammen im Garten hinter dem Haus spielen würden.

Als ich ihn regelmäßig aufsuchte – für »Konsultationen«, wie er das nannte – war er so ruhig und professionell, daß ich glaubte, ich könnte ihm alles erzählen. Es ergibt sich von selbst, daß jetzt, wo wir verheiratet sind, alles anders ist. Aber seltsamerweise vermisse ich die Tests, diese Tintenkleckse, die Maschine, an die er mich anschloß und die ihm sagte, ob ich log oder nicht, die Kurven, die der Stift der Maschine zeichnete. Es war alles so wissenschaftlich. Und außerdem beruhigte mich, daß er, obwohl er als Psychiater seelische Leiden behandelte, zugleich auch praktischer Arzt war. (Er erklärte es mir, als ich ihn fragte, auf sehr nette Weise und nicht so, als ob ich dumm wäre, denn ich wußte nicht, daß man beides sein kann.) Es war, als sei er auf alles vorbereitet, nur für den Fall der Fälle.

In dem Gebäude, wo wir in der Eingangshalle unseren Kiosk hatten, arbeiteten jede Menge Ärzte. Sie hatten alle ihre Büros und ihre Praxisräume dort. Fast jeden, der bei uns vorbeikam, sprachen wir automatisch mit »Herr Doktor« an: Es war kürzer, und es half einem aus der Patsche, wenn man den Namen vergessen hatte. Heute kommt mir das seltsam, geradezu ironisch vor, aber damals hatte es etwas Tröstliches, in diesem Gebäude mit all den Ärzten zu arbeiten. Ich fühlte mich sehr sicher, weil hier im Falle einer Verletzung sofort jemand da war, der mir helfen konnte.

Ich glaube nicht, daß er eine Vorstellung davon hatte, wieviel mir Terrys Einlieferung ausmachen würde. Ich glaube, er hatte nicht die geringste Vorstellung davon. Für ihn war es meine Rettung, und er war der Ritter in der glänzenden Rüstung. Und es stimmt ja, das war er auch. Das darf ich nicht vergessen. Sie zog mich mit sich in ihren

Wahnsinn. Aber er dachte, er könnte uns einfach sauber auseinanderreißen und mich von dem fernhalten, was in ihrem Kopf vorging.

Manchmal wünsche ich mir, ich hätte Terry niemals so gesehen. Er sagt, es sei notwendig gewesen, um mir ein für allemal zu beweisen, daß sie die Verrückte war. Ich habe keineswegs vergessen, wie es in den letzten Tagen war, als sie wirklich den Verstand verloren hatte. Ich erinnere mich genau daran, erinnere mich jeden Tag an mehr Einzelheiten. Meine entsetzlichen Zweifel an ihr und an mir selbst, die Stunden, in denen ich die Hände vors Gesicht geschlagen hatte und aus Angst vor meinen eigenen Alpträumen weinte, der Moment, als sie mich fragte, ob ich sie jemals verraten würde. Wenn es jemals dazu käme, sagte sie, wisse sie nicht, was sie tun würde. Ich drehte mich um und sah sie in ihrem schwarzen Kleid unterhalb des Fensters stehen. Ihr Gesicht war im Schatten, und ihre Stimme klang metallen und monoton. Sie machte mir Angst. Aber ich hätte sie niemals verraten, niemals, ganz egal, was passiert wäre. Es gab keinen Grund, mir deswegen Angst einzujagen.

Sie konnte das nicht verstehen. Vielleicht hatte ich sie ihrer Meinung nach schon damals verraten, als es um diese Jungs ging, und dann um die Männer – um ihn –, weil ich diejenige war, um die sie sich bemühten; aber das war doch nicht meine Schuld! Ich konnte nichts dafür. Als wir uns das erste Mal für denselben Mann interessierten, war ich mir sicher, daß sie die Begehrenswertere war, sie war doch so gescheit und witzig und schlagfertig. Es war genauso eine Überraschung für mich, daß Ruth, nicht Terry, die ganzen Anrufe bekam und die Heiratsanträge. Und selbst als mir irgendwann klar wurde, daß es so sein sollte, habe ich mich trotzdem nicht verändert, ich habe mich so wie immer verhalten. Das kannst du mir doch nicht vorwerfen, Terry, oder? Nur, weil ich mich weiter wie immer verhalten habe.

Wenn ich an jenen Morgen zurückdenke – an den Tag, an dem sie abgeholt wurde, an dem er mir das Frühstückstablett hereinbrachte und mich fragte, warum ich so viel schöner als meine Schwester sei –, fühle ich mich ganz krank von diesem Lächeln. Es kommt mir so falsch vor, so, als hätte ich mich über Terry lustig gemacht. Es war ein Verrat. Und dabei stimmte es nicht einmal, daß ich die schönere war. Wir sahen uns so ähnlich, zumindest körperlich. Am Anfang konnten wir jeden zum Narren halten. Später, wenn die Leute uns besser kennenlernten, wurde es schwieriger, sich als die andere auszugeben. Manchmal schauten sie uns verdutzt an oder fragten uns, ob wir schlecht gelaunt seien oder uns nicht wohl fühlten.

Das war der Moment, in dem etwas auseinanderbrach, oder zumindest der Moment, in dem wir uns darüber klar wurden, daß etwas auseinandergebrochen war. Von da an konnten wir nicht mehr so leicht in die Rolle der anderen schlüpfen. Anscheinend war es zu wichtig für uns geworden, wir selbst zu sein. Wenn ich ehrlich bin, gebe ich zu, daß ich im Grunde nicht wie Terry auftreten wollte. Ich war lieber ich selbst und genoß, was ich davon hatte. Ich bekam Angst, daß ich für immer wie sie sein würde, wenn ich mich gelegentlich so schlagfertig und witzig wie sie gab. Sicher, ich genoß auch, wie es sich anfühlte, die Leute zum Lachen zu bringen; eigentlich war es gar nicht so schwierig. Aber ich bemerkte auch, wie sich die Haltung der Leute mir gegenüber veränderte. Sie dachten, ich sei hart und stark, sehr selbständig. Und sie paßten sich dem an, sie waren nicht mehr so nett, so freundlich, so verständnisvoll. Ich fühlte mich einsam und wollte wieder Ruth sein, die süße Ruth, um die sich die Männer unwillkürlich kümmern wollten.

Ich bin die ganze Zeit einsam. Sogar, wenn er da ist. Früher, als ich noch Terry hatte, um mich mit ihr zu vergleichen, war mir mein Verhalten ganz natürlich vorgekommen. Jetzt erscheint es mir – ich weiß nicht, nicht gerade falsch, aber irgendwie unecht. Als wenn ich eine Rolle spielen würde. Natürlich arbeite ich nicht mehr in dem Kiosk, ich bin also den ganzen Tag allein. Manchmal vermisse ich es, was dumm von mir ist; ich weiß, wie wichtig seine Arbeit ist, und hier beschwere ich mich, daß ich keine Zigaretten und Zeitschriften mehr verkaufen darf. Ich sollte mich lieber mehr um sein Haus kümmern und es gemütlich für ihn herrichten! Abends gehen wir oft aus, zum Essen, ins Theater oder zum Tanzen ...

Ich vermisse sie wie einen Teil meines Körpers, der amputiert wurde. Als wenn er sie mit seinem Skalpell weggeschnitten hätte. Er mußte es tun, ich weiß, daß er es mußte. Er tat es, um mich zu retten.

Gestern habe ich sie besucht. Ich habe ihm nichts davon gesagt, weil ich sicher war, daß er es mir ausgeredet hätte. Ich erwartete, daß ich eine Distanz zwischen ihr und mir spüren würde, wie das letzte Mal, als ich sie sah. Genaugenommen hoffte ich, daß ich so reagieren würde. Ich wollte mich von ihr verabschieden, von meiner wahnsinnigen Schwester, und meine Erinnerung an sie zur Ruhe kommen lassen.

Aber als ich sie dann sah, fühlte ich mich zum ersten Mal, seit man sie weggebracht hatte, wieder vollständig. Sie war überhaupt nicht wahnsinnig, sie war Terry, die Terry, die ich gekannt hatte, seit wir klein waren, als sie noch genauso schüchtern war wie ich. Ihr Gesicht war sauber gewaschen, und sie trug einen dieser rauhen weißen Kittel, die hinten mit Bändel zusammengebunden werden; sie sah sehr unschuldig und schön aus, wie ein Engel, nur ihre Augen schossen die ganze Zeit hastig durch den Raum. Sie war aber nicht wahnsinnig, nur verängstigt. Meine süße Schwester Terry hatte Angst vor mir. Mir war danach zumute, wie ein Baby loszuheulen. Aber ich wußte, daß sie sich nicht wirklich vor mir fürchtete, es war diese Anstalt, und das, was sich in ihrem Kopf befand. Sie liebte mich, ihre Ruthie, immer noch. Ich weiß, daß sie mich liebte.

Mit der Zeit konnte sie mich länger ansehen, wie ein Vogel, der allmählich zu einem Menschen Vertrauen faßt.

Ich weinte. Sie streichelte meine Haare, als wenn sie ein Kind trösten würde. Sie wußte, wer ich war, sie nannte mich Ruthie, wie sie es getan hatte, als wir Kinder waren, und ich nannte sie Tessie. Sie wußte nicht, wer Terry war. Als wir sechzehn waren, hatte sie beschlossen, Tessie klinge zu mädchenhaft, zu albern, und sie hatte ihren Namen geändert. Aber jetzt war Terry eine Fremde für sie.

Wir sprachen über unsere Kindheit und wie glücklich wir damals waren. Es ist wahr, wir waren sehr glücklich. Wir umarmten uns so fest wie immer, redeten über unsere gemeinsame Schulzeit, über Kinder, mit denen wir damals befreundet gewesen waren. Als wir jedoch die Erinnerungen aus der Zeit erreichten, als wir fünfzehn, sechzehn waren, verzog sich ihr Gesicht, als wenn ich sie geschlagen hätte. Sie wiederholte nur ständig: »Ich liebe dich, Ruthie«, immer wieder, als wenn es das Wichtigste in der Welt für sie wäre. Und die ganze Zeit hielt sie meine Hand.

Meine Kleidung erstaunte sie über alle Maßen. Mir geht es selbst so. Leute, die mich früher kannten, würden mich kaum wiedererkennen. Ich bin jetzt sehr elegant gekleidet, wir gehen oft aus zu gesellschaftlichen Anlässen. Seine Arbeit für die Polizei hat ihn berühmt gemacht – bescheiden wie er ist, sagt er, es wäre nur Sensationsgier -, und wir werden zu vielen Partys eingeladen. Die Leute sind von mir fasziniert, denn sie kennen alle die Geschichte, unsere Geschichte, die von Terry und mir.

Sie trauen sich nur selten, mir Fragen zu stellen, aber sie starren mich auf eine Weise an, die mir nicht gefällt, so als wäre ich, an seinem Arm und lächelnd – ja, dieses Lächeln wieder –, der lebende Beweis seines Erfolgs, seiner beruflichen Fähigkeiten. Wahrscheinlich bin ich das auch.

Nach einer Weile fand ich heraus, daß ich um so unnahbarer wirkte, je eleganter ich mich kleidete. Es ist eine Form des Selbstschutzes, und er ermutigt mich, Geld für Kleidung auszugeben. Es gefällt ihm, wenn ich schick angezogen bin, was komisch ist, denn als er sich in mich verliebte, sah ich altmodischer aus als sie. Selbst wenn Terry und ich dieselbe Kleidung trugen, was wir oft taten, war sie immer die Elegante. Jetzt allerdings lerne ich, wie man sich modisch kleidet, weil er Gefallen daran findet. Ich trage, was sie getragen hätte, ich trete darin auf, wie sie es getan hätte.

Terry berührte meinen Hut, meine Haare, sehr behutsam, als ob ich auseinanderfallen würde, wenn sie mit ihren Bewegungen nicht vorsichtig wäre. Ich wollte eigentlich etwas Helles für den Besuch bei ihr anziehen, aber ich brachte es nicht übers Herz, und so trug ich ein schwarzes Kleid aus Crêpestoff, ein ganz schlichtes mit einem Gürtel um die Taille und übertrieben gepolsterten Schultern. Terry strich mit dem Finger sachte über meinen Ärmel. Sie flüsterte etwas. »Was, Liebes?« sagte ich. Sie hob ihren Kopf ein wenig und murmelte: »Dunkel, dunkel ...«

Nach einer Stunde sagte man mir, ich müsse gehen. Ich dachte, ich hätte mich ausgeweint, aber das stimmte nicht, und man mußte uns fast auseinanderreißen. Terry weinte auch. »Geh nicht, Ruthie, geh nicht«, sagte sie immer wieder. Sie führten mich aus dem Zimmer, während zwei Männer sie festhielten, nicht gewaltsam, aber so, daß sie sich nicht bewegen konnte. Ich brauchte eine ganze Stunde, bis ich mich wieder soweit gefaßt hatte, daß ich die Rückfahrt antreten konnte.

Seither ist ihr Bild ständig in meinen Gedanken. Ich dachte immer, daß die wichtigste Person in meinem Leben mein Ehemann sein würde, und daß danach meine Kinder kämen. So ist das doch normalerweise. Aber irgend etwas stimmt nicht mit mir, denn Terry wird immer die wichtigste Person auf der ganzen Welt für mich sein, egal, was sie getan hat und tun wollte. Sie ist mein Zwilling, meine andere Hälfte. Warum habe ich so lange gebraucht, um das zu verstehen? Und wie kann er nur denken, daß ich mich jemals von ihr trennen und so tun würde, als gäbe es sie nicht? Wie kann er es nur wagen?

In dem Zimmer, in dem ich mit Terry gewohnt habe, war ich glücklicher, als ich es jemals mit ihm war. Ich war ich selbst. Wenn ich mit ihm zusammen bin, weiß ich nicht, wer ich bin. Aber ich bin mir bewußt, daß er denkt, er weiß, wer ich bin: die Gute, die gute Schwester. Er glaubt, ich sei besser als irgendeine andere Frau auf der Welt, weil er den schlechten Teil von mir mit seinem Skalpell weggeschnitten hat. Na, da täuscht er sich.

Unsere Betten standen nebeneinander, mit einem Teppich dazwischen, genauso wie sein Bett und meines jetzt stehen. Manchmal reichten Terry und ich uns in der Nacht die Hand und hielten einander so lange fest, bis wir einschliefen. Oder wir unterhielten uns stundenlang, redeten einfach drauf los, ohne eigentlich über etwas Bestimmtes zu sprechen, nur um den Klang unserer Stimmen zu hören. Als wir ganz klein waren, erfanden wir Codes, mit denen wir uns zubrummten, wenn wir zu müde oder zu faul zum Reden waren: einmal Brummen für ›Ja‹, zweimal für ›Nein‹, dreimal für ›Ich weiß nicht‹, was viermal und fünfmal hieß, weiß ich nicht mehr, aber sechsmal war ›Ich liebe dich‹. Wir benutzten diesen Code sogar noch in der Nacht, bevor es passierte. Ich werde nie wieder so glücklich sein.

Ich kann das, was geschehen ist und was ich getan habe, nicht ungeschehen machen. Ich nahm Terry etwas weg, ohne wirklich zu wissen, was ich tat, aber das ist keine Entschuldigung. Ich nahm alles, und es blieb nichts für sie übrig.

An dem Tag, als ich sie in dieser schrecklichen Anstalt besucht hatte, aßen er und ich zu Abend, nur wir zwei. Mir drehte sich immer noch der Kopf. Plötzlich stellte ich mir Terry zusammen mit diesem Arzt vor. Ich fragte mich, wie oft sie auf ihn eingestochen hatte. Ist das nicht lächerlich? Sie hatte eine Schere benutzt. Niemand hatte etwas gehört, es kann also nicht viel Lärm gemacht haben. Ich weiß, ich sollte nicht über so etwas nachdenken, es ist morbide. Das sagt er immer, wenn ich ihren Namen erwähne, daß es nicht gut für mich ist, mich an sie zu erinnern, weil es morbide ist. Aber manchmal kann ich nicht anders.

Was ging damals in ihr vor, als sie es tat? Und war es leicht? Irgendwie habe ich die Vorstellung, daß es sehr leicht gewesen sein muß, daß die Schere wie ein Messer durch Butter in ihn hineingeglitten ist. Denn sie mußte ihn überrascht haben, als er völlig ahnungslos war. Er dachte, sie wäre ich, verstehen Sie ...?

Ich sehe jetzt Terry viel ähnlicher als früher. Auf eleganten Dinnerpartys sind es mehr und mehr ihre Worte, Witze und Fragen, die aus meinem Mund kommen. Er bemerkt das offenbar gar nicht. Vielleicht denkt er, weil ich die gute Schwester bin, muß alles, was ich tue, in Ordnung sein. Wie amüsant, wenn es so einfach wäre.

Während des Abendessens gingen mir die seltsamsten Dinge durch den Kopf. Sie hätte darüber gelacht; sie mochte seltsame Dinge. Ich hatte folgenden Gedanken: Würde es sich nicht wunderbar ergänzen, wenn Terry jemanden umbrachte, weil er mich liebte und nicht sie, und ich dann jemanden aus genau demselben Grund umbringe? Weil er mich liebte und nicht sie? So wäre es doch viel interessanter, finden Sie nicht, jedenfalls viel interessanter, als wenn ich jemanden umbringe, weil er sie mir vorgezogen hat. Das ist einfach bloß die perfekte Symmetrie, zu perfekt, um wahr zu sein. Immerhin sind nicht einmal Terry und ich absolut identisch. Wer uns gut kennt, kann sehen, daß zum Beispiel ihre Augenbrauen ein bißchen dünner sind als meine, ein bißchen gebogener. Oder daß meine Nase einen kleinen Knick hat, dort, wo ich sie mir gebrochen habe, als ich vier war und auf dem Spielplatz kopfüber hinfiel, weil ich zu ihr rennen wollte.

Aber niemand kennt uns so gut. Außer uns beiden natürlich.

Es war nur ein dummer Gedanke. Aber ich wünschte, Terry wäre da gewesen, dann hätten wir zusammen darüber lachen können. Oder ich wäre bei ihr in dieser Anstalt.

Wissen Sie, es ist mir egal, was für eine Anstalt das wäre, wenn wir nur zusammensein könnten. Egal, wie schlecht man uns behandeln würde, wie unbequem und kratzend diese weißen Kittel wären. Mir ist alles völlig egal, wenn ich nur bei ihr sein könnte. Wirklich alles.

Sogar das, was ich tun müßte, um dort hinzukommen.

Aus dem Englischen von Michael Wachholz

Cornelia Arnhold

Ein Zwilling kommt selten allein

Sie waren bleich, aus dem Osten, und grüßten nicht. Das war entscheidend. Sowas hatte es bei uns noch nicht gegeben. Wir sind ein tolerantes Haus und stolz darauf. Jeder hat hier seinen Platz, Ausländer, Schwarze, Weiße, verschleiert oder unverschleiert, ledige und verheiratete Mütter, schwule Paare oder alleinerziehende Väter. Sogar Besserverdienende werden geduldet, vorausgesetzt, sie fügen sich in unsere ungeschriebene Hausordnung. Und grüßen gehört nun mal dazu. Ich habe sogar den alten Sack, der mir an den Mülltonnen regelmäßig verkündete, beim Hitler hätte es sowas nicht gegeben, daß sich ein Neger im Supermarkt einfach vor ihn drängt, bis zu seinem Tod zumindest gegrüßt. Wir sind stolz auf unsere funktionierende Hausgemeinschaft. Von wegen Anonymität der Großstadt. In unserem Wohnblock würde keiner tot in seiner Wohnung verfaulen. Wir würden uns schon vorher sorgen, nicht nur wegen des Geruchs. Aber grüßen muß sein. Grüßen ist unser kleinster gemeinsamer Nenner.

Sogar, daß sie aus dem Osten waren, hätte uns nicht gestört. Schließlich hatten wir winkend an der Bockenheimer gestanden, als die ersten qualmenden Trabis ins Frankfurter Westend einfielen. Und Daniel, der eine Szenekneipe betreibt, stellte ein riesiges Pappschild an der Einfahrtskreuzung auf: *Herzlich willkommen im »Steifen Eck«! 1:1 Umtausch! Ein Begrüßungstrunk ist umsonst.* Sieben von ihren Aluchips mußten sie in anderen Gaststätten für unsere DM hinlegen. Und wie sie kamen. Daniel hat trotzdem einen guten Schnitt gemacht. Wir hätten auch die bleichen Zwillinge mit offenen Armen empfangen. Ein winziges Nicken, das ausblieb, hinderte uns daran.

Sie zogen ausgerechnet in die Nachbarwohnung ein, so daß wir praktisch Tür an Tür lebten, und das Haus, ein nach dem Krieg schnell hochgezogener Wohnblock, ist hellhörig. Jeder aufgedrehte Wasserhahn, jedes Telefonklingeln ist zu hören. Wenn man sich anstrengt, kann man sogar einzelne Worte verstehen.

Es kam vor, daß ich meine Tür öffnete und eine der beiden fummelte, den Blick fest mit dem Schlüssel verhakt, keinen Meter von mir entfernt am Schloß und tat so, als wäre ich nicht vorhanden. Ich wartete, sah hinüber, nichts, dann ging ich, ebenfalls ohne zu grüßen. Das mag hingehen, einmal, man kann ja zerfahren sein, andere Dinge im Kopf haben. Aber das nächste Mal kamen sie mir im Treppenhaus entgegen. Ich trat einen Schritt zur Seite, um sie vorbeizulassen, sah zu ihnen hinüber und sagte laut und nicht zu überhören: »Guten Tag.«

Sie zuckten mit den Köpfen, übersahen mich mit flatternden Lidern. Ihre Blicke flohen die Flurfenster entlang, als lauerten dort Scharfschützen oder Pressefotografen, dann waren sie vorbei. Blöde Kühe, dachte ich. Von jetzt an könnt ihr mich mal.

Wäre es nicht an ihnen gewesen, sich als neu eingezogene Mieter vorzustellen wie zivilisierte Menschen?

Sie waren weder hübsch noch häßlich, Haarfarbe unentschieden. Kaum außer Sicht, verschwanden auch ihre Gesichtszüge aus dem Gedächtnis. Mit etwas Aufwand hätten sie vielleicht leidlich attraktiv aussehen können. Aber sie trugen diese pluderigen, halblangen Röcke, die nirgends Mode waren und es auch nie sein würden und bei denen man lange nachdenken mußte, ob sie braun, schwarz, grau oder gräulich waren. Das einzig Auffallende an ihnen war, daß es sie doppelt gab.

Außerdem hatten sie ein Kind, ein verwahrlostes Mädchen mit einem Raubvogelgesicht und einem Schlüssel um den Hals. Das Erkennungszeichen verantwortungsloser Mütter, wie meine eigene es nannte, die das Phänomen aus der Nachkriegszeit kannte und mißbilligte. Welcher von beiden das Mädchen zuzuordnen war, fand ich nicht heraus.

Es war nicht so, daß ich mich für die beiden besonders interessiert hätte. Nachdem alle Grußversuche unbeantwortet geblieben waren, beschloß ich, sie zu ignorieren. Aber es war die Woche sechs nach Adrian. Und Adrian war Zwilling. Der Umstand, daß die beiden fast gleichzeitig mit seinem Wegbleiben einzogen, gab mir zu denken. Es gibt keine Zufälle. Auf einer Geburtstagsfete vor ein paar Monaten hatte eine unscheinbare fremde Frau, der ich nicht genug Phantasie zutraute, sich das alles auszudenken, uns die Karten auf eine Weise gelegt, als kenne sie jeden einzelnen seit seiner Geburt. Seither trafen wir uns mit ihr zu wöchentlichen Tarotsitzungen, die meine Wahrnehmung veränderten und erweiterten. Es ist schon merkwürdig, wie scheinbar sinnlose Ereignisse sich zu einem Muster fügen, sobald man beginnt, darauf zu achten.

Adrian hatte mich voller Zweifel zurückgelassen. Hatte ich ihn geliebt? Liebte ich ihn noch? Solange wir uns täglich sahen, war ich mir über meine Gefühle für ihn nie völlig sicher gewesen. Anfangs spornte ihn das Haut an Haut zu Höchstleistungen an, später ließ das nach. Mit wachsender Wut forderte er mich auf, meine Liebe zu ihm eindeutig und unmißverständlich herauszuschreien, er könne nicht so einfach ins Leere hinein vögeln. Als ich bekannte, daß mir das peinlich sei, wegen der Hellhörigkeit, nannte er mich spießig.

Dieses Unentschiedene ist mein Problem, sagten die Karten und hatten recht. In meinem Leben würde sich etwas ändern müssen. Ich bewundere Leute, die täglich eine halbe Stunde joggen, fünf französische Vokabeln lernen, kopfstehend meditieren, eine Stunde Geige üben. Ich nahm mir fest vor, mir jeden Tag die Karten zu legen, um endlich Klarheit in mein Leben zu bringen.

Ich war dünnhäutig, voller Selbstmitleid und auch schon neununddreißigeinhalb. Das Arbeitsamt drängte mich zu einer Umschulung auf Programmiererin. Kunsterzieherin hätte keine Zukunft.

»Sag mal, diese Zwillinge ...« sprach mich Donatella aus der dreizehn an. »Wohnen die bei dir im Haus?«

»Neben mir«, bestätigte ich.

»Na ja«, meinte sie. Wir sahen uns vielsagend an und schwiegen.

Ein Positives bleibt zu erwähnen: Sie waren leise. Ich hörte kaum, ob sie da waren, nicht mal den Fernseher. Auch dieses Kind war seltsam still. Nie sah ich es mit den anderen Kindern auf unserem Hof. Aber das fiel mir erst viel später auf.

»Zwillinge bedeuten Unglück«, behauptete Donatella, während Sabine die Karten mischte. »Die alten Griechen haben neugeborene Zwillinge deswegen gleich von einem Felsen ins Meer geschmissen, um kein Risiko einzugehen.«

»Ganz im Gegenteil«, widersprach Sabine, »Zwillinge bedeuten Glück, Schönheit und Sinnlichkeit, denk nur an die persische Dichtung, da wimmelt es nur so von Rehzwillingen.«

»Tittensymbol, klassische Männerphantasien«, höhnte Donatella.

»Auch das mit den Griechen stimmt so nicht.« Sabine begann unbeirrt die Karten aufzudecken. »In Sparta haben sie grundsätzlich schwächliche Babys von den Felsen geworfen. Alle.« Sie schüttelte den Kopf, ohne die Karten aus dem Blick zu lassen. »Und sowas nennen wir die Wiege unserer Kultur.« Sabine war schwanger und stand kurz vor der Geburt.

»Warum gibt es keine Zwillingskarte?« wunderte ich mich. Ich hätte gern mehr über Adrians Konstellation erfahren.

»Das ist die Karte der Liebenden«, erklärte Sabine, »sie steht für das duale Prinzip, in dem alles paarweise auftritt: Licht und Schatten, Yin und Yang ...«

»... Dick und Doof.« Donatella war in ihrer prämenstruellen Phase und voll negativer Energie.

»In der Astrologie wird dieser Archetyp den Zwillingen zugeordnet«, fuhr Sabine ungerührt fort.

»Ich dachte, das duale Prinzip hätte was mit Abfallbeseitigung zu tun«, lästerte Donatella.

Ich verabschiedete mich früh. Am nächsten Tag stand ein Termin beim Arbeitsamt an.

Vor meiner Haustür stand ein schwarzhaariger Mann und sprach in holprigem Deutsch in die Sprechanlage. Eine Stimme quäkte knappe Antworten, dann knackte es, und die Verbindung war unterbrochen. Als ich die Tür aufschloß, schob er sich an mir vorbei in den Flur, stieg vor mir die Treppe hoch und schellte an der Nachbartür. Von innen antwortete dieselbe quäkende Stimme, deutlicher jetzt, aber ebenso abweisend. Geöffnet wurde ihm nicht. Ich war müde und deprimiert und schloß schnell die Tür hinter mir. Ich wühlte mich unter meine Daunendecke, wo ich mich unbeobachtet von der Welt ausheulte.

Ein paar Tage später saßen wir in meiner Küche bei der zweiten Flasche Rosé. Ich war seit dem letzten Mal noch so schlecht drauf, daß ich Donatella gebeten hatte, mir die Beziehungskarten zu legen. Vielleicht war es doch noch nicht zu spät. Ich war auch bereit, Adrian als meine große Liebe anzuerkennen.

Ich konzentrierte mich auf unsere erste Begegnung im Gedränge vor Leos Tresen. Ich war zuerst vorn, aber er lehnte seine lederjackenverstärkte Schulter gegen mich und bestellte über meinen Kopf hinweg ein Bier. Aus dem folgenden Streit wurde Sex, aus wiederholtem Sex eine Gefühlslage, die Liebe zu nennen ich mich nie entschließen konnte, was sein Ego kränkte, aber seinen männlichen Eroberungsdrang für immerhin fast drei Jahre an mich fesselte. Bis vor knapp zwei Monaten.

Auf dem Stapel für die Verstandesüberzeugungen lag die Zwei der Pentakel.

»Zeiten der Veränderung sind nötig, um das Gleichgewicht im Leben wiederherzustellen«, las Donatella vor.

Auf dem Stapel der Gefühle lag der Tod.

»Der Erlöser, Beseitiger, Vollender. Im Leben sind Wechsel, Metamorphose, Transformation sehr wichtig. Er vermag Grenzen, Einschränkungen und Hindernisse zu überwinden und ...«

Aus der Nachbarwohnung drangen Hilferufe. Eine Männerstimme.

Donatella und ich sahen uns kurz an und konzentrierten uns dann wieder auf die Karten. Einem Mann mußten wir nicht zu Hilfe eilen.

»... zu durchschreiten, das Verlangen, immer noch

mehr man selbst zu werden, der Wunsch, alles mit Einschränkungen Verbundene loszulassen ...«

Hatte ich Adrian zu sehr eingeschränkt?

Die Hilferufe wurden dringlicher.

»... um weiter zu wachsen und zu expandieren ...«

»Hilfe! Polizei!«

Weil die Rufe nicht nachließen, sondern schriller wurden, standen wir widerstrebend auf. Donatella ließ ihren Daumen nicht von der Klingel der Nachbarwohnung, bis die Tür zögernd geöffnet wurde.

Eingerahmt von den starr aufgerichteten Zwillingen, die im lichtlosen Flur noch blasser wirkten, stand ein Mann, dem das Blut übers Gesicht lief. Trotzdem erkannte ich den Typen von der Sprechanlage.

»Polizei«, wiederholte er in seinem rauhen Deutsch, während rote Tropfen von seinem Kinn auf den Boden sprangen. Klack, machte es und wieder klack. Jeder Tropfen vergrößerte die Pfütze vor seinen Schuhspitzen.

»Polizei?« echoten wir nicht eben geistreich.

»Polizei«, nickte er, daß die Tropfen flogen, und trat einen Schritt nach vorn in die Pfütze. Daraufhin gaben ihm die Zwillinge einen Schubs und schlossen wortlos die Tür hinter ihm. Ich ging zum Telefon.

Bis die Polizei in Gestalt zweier junger Streifengänger eintraf, lief der Typ rauchend zwischen meiner offenen und der geschlossenen Wohnungstür nebenan hin und her. Einen Stuhl lehnte er ebenso ab wie ein Handtuch, um das tropfende Blut zu stoppen, das sich mit dem Bodenstaub zu einer glitschigen Spur verband, auf der einer der beiden Ordnungshüter prompt ins Rutschen geriet. Mit betont unparteiischer Miene nahmen sie auf, was der Mann ihnen in aufgeregt hoppelndem Deutsch berichtete. Sie notierten sich auch Donatellas und meinen Namen und fragten, ob wir Augenzeugen der Gewalttätigkeiten gewesen seien. Wir verneinten.

Die Nachbartür wurde ihnen, auch auf mehrmaliges Schellen hin, nicht geöffnet.

Hinterher saßen wir wieder in meiner Küche, deren Tisch direkt an der Wand zur Nachbarwohnung steht, und horchten angestrengt auf Geräusche von nebenan. Aber drüben blieb es totenstill.

Schließlich versuchten wir, uns wieder auf die Karten zu konzentrieren. Mit mäßigem Erfolg.

In der folgenden Woche kamen mir die Zwillinge in ihren formlosen Glockenröcken in der Einfahrt vor den Briefkästen entgegen. Sie trugen Einkaufstüten, und ich wendete mich schnell meinem Briefkasten zu, um nicht von ihren grußlosen Blicken übergangen zu werden. Zu meiner nicht geringen Verblüffung blieben sie neben mir stehen, und eine von beiden sprach mich an, während die andere nach kurzem Zögern mit einem gemurmelten »Ich geh schon mal vor« in der Haustür verschwand.

»Die Post kommt doch immer um elf?«

Ich war so verblüfft, daß ich die Fragerin nur anstarrte.

»Jetzt ist es schon zwölf. Wir warten auf einen dringenden Brief. Der müßte heute gekommen sein. Er ist aber nicht da«, meinte sie anklagend, und als ich mich immer noch nicht rührte, kam sie einen Schritt näher. »Sehen Sie doch mal nach. Kann ja sein, daß der Postbote ihn aus Versehen in Ihren Kasten geworfen hat.« Dabei betastete sie nervös ihre Oberlippe. Bevor sie mir noch weiter auf den Leib rückte, hielt ich meine Briefe hoch, wobei ich mich bemühte, mit den Fingern den Absender des Arbeitsamtes abzudecken.

»Nein. Die waren schon da.«

Sie nahm die Finger aus dem Gesicht und sah mich an, als koste es sie Mühe, den Sinn meiner Worte zu erfassen.

»Sie waren schon da«, wiederholte ich eine Spur schadenfroh, »heute kommen die nicht mehr. Erst morgen wieder. Früher kam die Post sogar zweimal am Tag. Jetzt nicht mehr.«

Ich ärgerte mich, daß ich ihr unverlangt mehr Auskunft gab als nötig, statt mich wortlos abzuwenden und für zahlreiche grußlose Begegnungen zu entschädigen.

»Man ist schließlich auf die pünktliche Zustellung angewiesen«, jammerte sie. Dabei ruckte sie beifallheischend mit dem Kopf, damit ich mich ihrer Klage anschließe. Das fehlte noch, daß wir uns einen gemeinsamen Feind erkoren. Sowas machte einen ja fast zu Gleichgesinnten. Wobei ich einer Frau, die selbst schlägt, statt sich von ihrem Typen verdreschen zu lassen, meine Anerkennung nie vollständig versagen kann. Ob das ihr Mann gewesen war oder der ihrer Schwester? Wider Willen war ich neugierig, aber sie schien kein Bedürfnis zu haben, sich für den Vorfall neulich zu rechtfertigen. Wir standen unschlüssig voreinander. Sie machte keine Anstalten zu gehen.

»Ja dann.« Ich wandte mich zum Gehen.

Sie achtete nicht auf mich, sondern starrte auf etwas hinter meinem Rücken. Ich drehte mich um. Aus der Haustür kam eine aufgebrezelte Tusse in schenkelhohen Lackstiefeln und taillierter Lederjacke. Ein knallroter Stretchrock preßte ihr die Arschbacken zusammen. Wahrscheinlich eine von den Gelegenheitsnutten, die den Studienrat im obersten Stock besuchen. Zum Englischunterricht, behauptet der. Die und Englisch. Ich begegnete dem Blick der Zwillingsfrau, die begierig schien, sittliche Empörung mit mir zu teilen. Das paßte mir nun überhaupt nicht. Spießergehabe vorm Briefkasten. Ist ja fast wie ein Kissen im Fenster.

»Der Lehrer oben gibt Englischunterricht.«

»Ach ja?«

Sie warf den Lackstiefeln einen Blick nach, schwang herum und hätte mir die Haustür vor der Nase zufallen lassen, hätte ich nicht reaktionsschnell einen Fuß dazwischen geschoben. Ohne mich weiter zu beachten, verschwand sie in ihrer Wohnung.

Zwei Tage später war das Bild in der Zeitung. Ich hatte schon weitergeblättert und begonnen, den Bericht über die Fahndung nach einem Betrügerpaar zu lesen, das in einschlägigen Bars mit dem alten Trick, »Frau schreit um Hilfe, ihr herbeieilender Beschützer droht Prügel an«, ziemlich erfolgreich kontaktsuchende Männer abzockte, was mich mit einer gewissen Schadenfreude erfüllte (Geschädigte wurden gebeten, sich bei der Polizei zu melden), da drang eine vage Erinnerung in mein Hirn, und ich blätterte die Seiten zurück. Er war es. Der Radebrecher vor der Sprechanlage, der blutig geschlagene Hilferufer aus der Nachbarwohnung. Trotz der weit aufgerissenen Augen wirkte sein Blick irgendwie verschlafen.

Unbekannter Toter, las ich. Gefunden hatte ihn Franziska S. (69), genauer gesagt ihr Hund, der am Dienstagnachmittag mit blutigen Pfoten von einem Ausflug in den Hinterhof in die Parterrewohnung an der Hanauer Landstraße zurückgekehrt war.

»Alles versaut, die ganzen Teppiche voll Blut«, wurde Frau S. zitiert. »Ich dacht erst, der wär durch Farb gelaufe. Sogar die Schnauz war rot. Die hat er sich geleckt, aber 'n Hund frißt doch kei Farb. So blöd is selbst meiner net.«

Vor den Garagen, in einer riesigen, leicht angetrockneten Blutlache, fand sie den Toten und griff sich ans schwache Herz. Sie hätte sich setzen wollen, aber da war ja überall Blut, und sie selbst stand unversehens mittendrin mit den Pantoffeln.

»Der Schreck! E Wunner, daß isch net gleisch mit hopsgange bin.«

Blutverschmiert und verwirrt hatte die Polizei sie neben der Leiche angetroffen, deren Kehle bis zum Nacken durchtrennt worden war.

Der Täter war gezielt vorgegangen. Er hatte sein Opfer zunächst in eine Falle gelockt und es dort geradezu waidgerecht erledigt. Die Füße des Toten hingen noch in einer Drahtschlinge, mit der ihn der Mörder vorher zu Fall gebracht hatte, was in einem Massenblatt zu der Spekulation führte, er habe sein Opfer schächten wollen. Der Polizeisprecher meinte, es müsse sich bei dem Täter um einen Mann mit enormen Körperkräften gehandelt haben.

Unsinn, dachte ich. Jede Hausfrau, die ein Kotelett durchhackt, kann sowas. Besonders wenn es zwei Hausfrauen sind. Eine hält ihn fest, die andere schneidet ihm die Kehle durch. Ganz einfach. Ich mußte an das tropfende Blut im Flur denken. Diesmal hatten sie sich offenbar nicht mit ein paar Schrammen begnügt, sondern ganze Arbeit geleistet.

Die Tatwaffe selbst wurde nicht gefunden.

Der Mord war in der Mittagszeit geschehen, ohne daß einer der Hausbewohner etwas bemerkt hatte. Die Mieter der Garagen brachten ihre schützenswerten Karossen erst nach Feierabend unter Dach. Spielende Kinder gab es in dem Haus nicht. Zur Identifizierung des Toten bat die Polizei um Hinweise. Wer hatte am Dienstag zwischen elf und halb eins Unbekannte aus dem Haus hinter der Großmarkthalle herauskommen sehen oder dort irgend etwas Verdächtiges beobachtet?

Heute war Donnerstag. Mir fiel ein, daß ich die Zwillinge vorgestern in der genannten Zeit am Briefkasten getroffen hatte. Sie hätten es kaum schaffen können, gleichzeitig am anderen Ende der Stadt einen so aufwendigen Mord zu begehen. Schade. Ich gebe zu, ich empfand ein gewisses Bedauern, als mir aufging, daß sie es nicht gewesen sein konnten. Es sei denn, sie hatten einen Killer beauftragt. Zuzutrauen war es ihnen. Daß der Tote noch nicht identifiziert worden war, wunderte mich. Schließlich hatte er den Polizisten seine Anklage selbst ins Protokoll gestottert. Ob ich der Polizei einen Hinweis geben sollte?

Ich rief Donatella an. Wir besprachen die Angelegenheit über eine Stunde lang, dann waren wir uns einig, erstmal abzuwarten.

Der Tote war ein Rumäne namens Mircu D., entnahm ich am nächsten Tag der Zeitung. Seine deutsche Ehefrau hatte sich auf das Foto hin gemeldet und ihn identifiziert. Vor ein paar Tagen sei ihr Ehemann, von dem sie schon längere Zeit getrennt lebe, überraschend an ihrer neuen Adresse aufgetaucht und gewalttätig geworden, so daß sie und ihre Schwester ihn aus der Wohnung werfen mußten, gab sie der Polizei gegenüber an. Dabei habe sie den Eindruck gehabt, daß er sich selbst bedroht fühlte und deshalb bei ihr untertauchen wollte. Sie hege schon lange den Verdacht, daß ihr Mann enge Verbindungen zu kriminellen Kreisen hatte. Das sei einer der Gründe für ihre Trennung gewesen.

In einer Boulevardzeitung schilderte Franziska S. ausführlich ihre grauenhafte Entdeckung (»So e Sauerei«). Im Nachmittagsprogramm des Regionalfernsehens wurde sie von einer professionell hübschen Blondine gefragt, wie sie den Schock verkraftet habe. Antwort in breitestem Hessisch: »Gar net. Sowas kammer net verkrafte.«

Anderntags wurde ein deutsches Kind (Tanja, 6) vor den Augen seiner Mutter von einem Lastwagen überrollt und ein Konzernchef entführt. Keiner interessierte sich mehr für den abgeschlachteten Rumänen.

Danach passierte nichts. Doch halt, das stimmt nicht ganz. Die Zwillinge grüßten. Sie sahen mir in die Augen, lächelten und grüßten, grüßten und lächelten, als hätten sie endlich ihr Herz für mich entdeckt. Ich grüßte verhalten zurück, mehr nicht. Außerdem sah ich Adrian wieder. Im Café Titanic. Aug' in Auge mit einer prallen, brünetten Schönheit, deren lackierte Wurstfinger auf seinem nackten Unterarm lagen. Ich schob mich hinter ihnen vorbei zum Klo, um dort blickdichtes Make-up und den Lippenstift *Cold Watermelon* aufzutragen. Danach schlenderte ich auffällig zögernd, als suche ich jemanden, an ihrem Tisch vorbei. Sie bemerkten mich nicht einmal.

Ein paar Tage später stießen wir auf dem Flur des Polizeipräsidiums zusammen. Den suchenden Blick auf die Zimmernummern geheftet, bog ich blindlings um eine Ecke und prallte gegen eine vertraute Gestalt, die erst »hoppla« sagte, dann: »Was machst du denn hier?!«

Ich löste den Blick von den Zimmernummern und sah noch, wie Adrian einen Schritt von mir zurückwich.

»Ich suche die Nummer 211«, meinte ich lahm und konnte nicht umhin, ihn anzuglotzen wie eine Schwachsinnige. Ausgerechnet hier mußten wir uns treffen. Es gibt keine Zufälle.

»Wegen der Zwillinge.«

Er sah unverändert gut aus. Unsere Trennung hatte ihm äußerlich nicht zugesetzt. Im Gegensatz zu mir. Auf der Suche nach meinen inneren Werten hatte ich die äußeren vernachlässigt, wie mir jetzt bewußt wurde. Nicht einmal geduscht hatte ich.

»Welche Zwillinge?« Adrian sah mich verständnislos an.

»Die neben mir eingezogen sind, nachdem ...« ich stockte, bloß keine Anspielungen auf unsere gemeinsame Zeit, bei denen ich in Tränen ausbrechen könnte. »Ihr Mann wurde umgebracht.«

»Hatten sie einen gemeinsam?«

Adrian produzierte ein künstliches Lachen, dem ich anmerkte, daß er verlegen war. Er ist sonst kein Typ für geschmacklose Witze. Das gab mir wieder Sicherheit.

»Natürlich nicht. Jedenfalls soll ich eine Zeugenaussage machen. Sie haben sich nebenan gestritten. Donatella und ich haben das mitgekriegt, du weißt ja, wie hellhörig die Wohnungen sind.« Jetzt hatte ich es doch erwähnt und fügte schnell hinzu: »Sie haben ihn dann vor die Tür geworfen.«

»Tot?«

»Blödmann«, fuhr ich auf und war drauf und dran, ihm hier auf dem Polizeiflur endlich die damals versäumte Szene zu machen, als mir aufging, daß Adrian von unserem unverhofften Zusammentreffen genauso verwirrt war wie ich. So blöd quatscht einer nur daher, wenn er Angst vor der Stille hat, die entstehen könnte. Plötzlich wurde ich ganz ruhig. Alle positiven Gefühle, die ich seit unserer Trennung krampfhaft zurückgehalten hatte, überfluteten mich und stiegen mir bis in die Augen. Ich ließ es zu, damit er erkennen sollte, daß ich mich verändert hatte und meine Liebe zu ihm nicht mehr verleugnete. Ich hätte ihn auf der Stelle umarmen können.

»Natürlich nicht.« Ich lächelte ihn offen an. »Er hat nur geblutet.« Die Zwillinge schienen auf einmal weit weg, ich hatte keine Lust mehr, über sie zu reden, dafür wuchs mein Bedürfnis, Adrian zu berühren. »Und du? Was machst du hier?«

»Ach, das ist eine blöde Geschichte …« Er wich meinem Blick aus und begann in den Taschen nach Zigaretten zu wühlen.

Ich deutete auf das Rauchverbotsschild. Er zog die Hände aus den Taschen und betrachtete aufmerksam seine Nägel.

»Vor ein paar Wochen war ich in einer Bar. Ich war schlecht drauf.« Er warf mir einen schnellen Blick zu. »Du kannst dir ja denken, warum.«

Es tut mir so leid, wollte ich sagen, ich mach es wieder gut, mein Liebster. Laß uns alles vergessen.

Ich sagte nichts.

»Ich hatte keine bestimmte Absicht«, fuhr er an seine Nägel gewandt fort, »echt nicht, ich wollte einfach ein paar

Bier trinken und abhängen. Da setzt sich diese Frau zu mir, attraktiv, Minirock und so, aber keine Nutte. Bestimmt nicht. Sowas merkt man irgendwie sofort.«

»Ach ja? 'ne fette Brünette im Minirock?«

Er hob irritiert den Blick. »Nein, sie war rothaarig und schlank.« Plötzlich verfärbte er sich rosa. »Ach, du meinst Valerie. Die habe ich danach kennengelernt. Ihr Vater ist Botschafter. Total behütete Kindheit gehabt. Wenn sie das erfährt ...«

Er hatte mich also doch bemerkt im Titanic. Verräter!

»... wird sie dich fallenlassen«, hoffte ich inständig.

Er sah mich erschrocken an. »Wir haben doch nur geredet, ehrlich. Die Frau hatte einfach 'ne gute Ausstrahlung, sie war intelligent, die verstand sogar was von free climbing. Sie hat ihre Drinks alle selbst bezahlt, ließ sich nicht einladen. Ich hatte ein paar mehr sozusagen und sie bestand darauf, mich zum Taxi zu bringen. Draußen fing sie plötzlich an zu kreischen. Der Kerl muß nur darauf gewartet haben. Behauptete, ich wollte seine Verlobte vergewaltigen.«

Ich öffnete den Mund, um etwas zu sagen.

»Frag du jetzt nicht auch noch«, fuhr er mich heftig an. »So gut solltest du mich wenigstens kennen. Der Kerl hat mich bedroht. Mit einem Messer oder einer Pistole, das konnt ich im Dunkeln nicht erkennen.«

»Wieviel haben sie dir abgenommen?«

Er betrachtete mich mißtrauisch.

»Woher weißt'n das?«

»Ich les schließlich Zeitung. Vor ein paar Tagen war da zum Beispiel ein Artikel über so 'n Paar, das kontaktsuchende Männer abzockt. Scheint 'n gutes Geschäft zu sein.« Meine positiven Wallungen hatten sich in nichts aufgelöst. »Gibt ja genug blöde Typen auf der Welt. Kontaktsuchende!«

Damit ließ ich ihn stehen.

Auf der Vergangenheit lag schon wieder der Tod, durchkreuzt in der Gegenwart vom Jüngsten Gericht. Ich starrte auf die grauen Gestalten, die in ihren offenen Särgen standen und die Arme nach dem posauneblasenden Engel ausstreckten. An seinem Blasinstrument bemerkte ich eine Flagge mit rotem Kreuz auf weißem Grund, die mir vorher nie aufgefallen war. Was sollte die bedeuten? Rotes Kreuz, Genfer Konvention, Menschenrechte am Jüngsten Tag? Mein Kopf blieb leer, mir fiel nichts dazu ein. Vielleicht sollte ich zunächst bescheiden bei mir selbst beginnen, bevor ich die grundsätzlichen, letzten Fragen stellte. Ich schob die Karten für das Keltische Kreuz zusammen und legte sie beiseite, dann mischte ich die restlichen Karten neu und legte sechs für eine Selbstwertlegung aus.

Es schellte.

Auf Platz eins (Fähigkeit, Grenzen zu setzen) lag die Drei der Stäbe, die Tugend oder Integrität bedeutet. Diese Karte mahnt zum Abwarten, solange die widerstrebenden Anteile von Geist, Herz und Handeln nicht im Einklang sind.

Ich öffnete nicht.

Auf dem Platz für Flexibilität und Offenheit lag Temperance, die Mäßigung. Die Karte bedeutet korrektes Handeln, in jeder Situation. Ich bin ein kreatives, gut integriertes Individuum, las ich als Affirmationsvorschlag für die Betrachtung dieses Archetyps und ignorierte das neuerliche Schellen.

»Hallo! Bitte, sind Sie da?«

Eine der Zwillinge, ich hatte es geahnt.

Auf Platz drei, der Fähigkeit, Liebe zu geben und anzunehmen, lag der Teufel.

Zum Schellen kam Klopfen.

»Bitte, machen Sie auf, Sie müssen mir helfen! Bitte!«

Die Stimme hatte diesen erpresserisch dringlichen Unterton.

Ich konzentrierte mich mit aller Kraft auf den Stern, das Prinzip strahlender Selbstgenügsamkeit. Er lag auf dem Platz für die Fähigkeit, bei der eigenen Wahrheit zu bleiben.

Es wurde jetzt beidhändig geklopft und geklingelt.

»Machen Sie auf! Es ist dringend. Machen Sie auf, verdammt nochmal!«

Die trat doch tatsächlich mit Füßen gegen meine Tür. Meine Kommunikationsfähigkeit, Sechs der Pentakel, erstarb völlig. Empört lauschte ich den Tritten gegen das unschuldige Holz. Endlich hielten die Füße erschöpft inne, und ich hörte sie zunächst zögernd, dann eilig die Treppe hinunterlaufen. Die Haustür fiel ins Schloß. Ich entspannte mich und lenkte meine Konzentration wieder nach innen. Auf Platz sechs für Ehrgefühl und Selbstrespekt lag der Eremit.

Im Mordfall Mircu D. wurde ein Landsmann von ihm festgenommen. Eine Auseinandersetzung unter Kriminellen, hieß es. Der Fall schien weitgehend gelöst, obwohl der Betreffende bisher zu allen Anklagepunkten schwieg. Ihm wurden noch andere Straftaten zur Last gelegt. Ebenso wie sein Opfer war der mutmaßliche Täter Mitglied einer Bande, die verdächtigt wurde, Kinder, die sie ihren Eltern gestohlen oder abgekauft hatten, zum Betteln auf die Straße zu schicken. Die Tatwaffe blieb verschwunden. Falls der Verdächtigte sie in den Main geworfen hatte, würde man sie wohl nie finden.

Ich malte mir aus, wie es sich anfühlte, eine fette Brünette aufzuschlitzen, nicht quer, sondern längs, von der Kehle bis zum Schambeinknochen.

Zur Strafe für solche Gedanken wurde ich noch am selben Abend entführt. Ein Paar drängte sich in meinen Flur, nachdem ich auf ein kurzes, unverdächtiges Klingeln hin die Tür geöffnet hatte. Der schlanke, gutaussehende Mann war mir fremd, beim zweiten Hinsehen aber merkwürdig vertraut und erst auf den dritten Blick erkannte ich eine der Zwillinge in schwarzen Jeans und Lederjacke. Die Haare waren dunkler, das lag wohl am Gel.

Die Frau war rothaarig, hatte die gleiche schlanke Figur und überragte ihn nur um die Absatzhöhe ihrer schenkelhohen, lackschwarzen Stiefel. Von wegen Englischunterricht! Es war dieselbe Frau, die an jenem Dienstag aus dem Haus gekommen war, in dem kurz vorher eine der Zwillinge verschwunden war, während mich die andere vor dem Briefkasten mit der Geschichte von dem angeblich so wichtigen Brief festhielt. Ich hätte sie auch jetzt nicht erkannt. Das kräftige Make-up tarnte sie perfekt. Niemals hätte ich darunter eins der nichtssagenden Zwillingsgesichter vermutet. Plötzlich gingen mir mehrere Lampen gleichzeitig auf. Rothaarig! Minirock! Adrian fiel mir ein. Sie hatten mich genauso reingelegt. Die Szene vor dem Briefkasten war eine Inszenierung gewesen, damit ich ihnen notfalls ein Alibi geben würde. Ich hätte geschworen, daß beide Zwillinge zur Tatzeit in ihrer Wohnung waren. Ich hatte sie ja selbst hineingehen sehen. Meine Aussage war nur deshalb nicht nötig geworden, weil ein anderer festgenommen worden war.

»Ich Idiot«, sagte ich laut.

»Sie müssen uns fahren«, sagte der Mann, der vielleicht eine Frau war, oder doch ein Mann, den ich bisher nur als Frau kennengelernt hatte. Ich war so verwirrt, daß ich nicht erstaunter gewesen wäre, wenn sie sich mir als die heilige Dreifaltigkeit vorgestellt hätten.

»Warum haben Sie mir nicht geöffnet?« fragte die Rothaarige vorwurfsvoll.

»Ziehen Sie eine dunkle Jacke an«, verlangte er und griff nach meinem Autoschlüssel, der auf der Kommode lag. »Machen Sie schon.«

»Ich Idiot«, wiederholte ich und versuchte, die Wattewand zu durchdringen, die mich umgab. »Zwillinge! Ich hätte es wissen müssen.«

Sie drängten mich einfach aus der Tür. Der Mann, falls er einer war, faßte mich am Arm, und ich kann nicht sagen, daß es ein unangenehmer Griff war. Die Frau, falls sie eine war, verhinderte, daß ich nach hinten oder zur Seite ausscherte. Natürlich hätte ich schreien können. Irgend jemand im Haus hätte mich sicher gehört, obwohl gerade ein Tennisturnier übertragen wurde und auf einem anderen Programm eine dieser dämlichen Spielshows lief, vor der die Millionen hocken. Merkwürdigerweise kam mir die Möglichkeit überhaupt nicht in den Sinn. Ich lief einfach mit und ließ mich in meinen Wagen schubsen, den sie offenbar kannten.

»Nach Bonames«, verlangte der Mann, der sich neben mich gesetzt hatte.

»Ins Zigeunerlager?«

Als Kinder waren wir ständig davor gewarnt worden, weil dort interessanterweise nur Räuber und Verbrecher wohnten. Deswegen kam es mir irgendwie logisch vor, daß sie dorthin wollten. »Fahren Sie einfach los, wir sagen dann schon wohin.«

Ich startete den Wagen und steuerte ihn mechanisch nach Norden. Idiot, Idiot, Idiot, dröhnte es in meinem Kopf. Ein entgegenkommendes Auto blendete mich und blinkte so lange, bis ich begriff, daß ich vergessen hatte, das Licht einzuschalten.

Sie flüsterten miteinander. Ich konnte nur das Wort »rausfinden« verstehen und versuchte, im Rückspiegel ihre Mundbewegungen zu erkennen. Dabei streifte ich den Bordstein, und der Wagen schleuderte nach links.

Mein Nebenmann legte mir die Hand auf den Arm.

»Kein Grund, nervös zu werden.«

»Zwillinge bringen Unglück«, murrte ich.

Er starrte mich verblüfft an, verzog den Mund und wandte sich zu seiner Schwester um. »Hast du gehört?«

»So 'ne Scheiße. Sie soll ihre verdammte Klappe halten und geradeaus fahren. Eure Esoterikscheiße kotzt mich an.«

Ihre Stimme schrillte mir von hinten ins Ohr, und Geiferspritzer trafen auf meinen Hals. Ihr Zwilling schwieg und wartete, bis sie sich beruhigt hatte.

»Sie haben das Kind entführt«, erklärte er mir dann. Er nannte das Mädchen nicht bei seinem Namen, auch später nicht, immer nur »das Kind«.

Wir überquerten den mild erleuchteten Dornbusch.

»Warum haben Sie mir gestern nicht geöffnet? Wir hätten ihn noch erwischen können.« Die Stimme von der Rückbank klang wieder normal, bekam sogar etwas Quengelndes.

»Ich war nicht da«, log ich.

»Wir hätten sie noch abfangen können«, wiederholte sie, ohne meinen Einwand zu beachten. »Es wäre so viel einfacher gewesen.«

Was wäre einfacher gewesen? Und wann würde es

schwieriger werden? Jetzt?! Hatten sie den Mord tatsächlich begangen? Wollten sie mich in ihre Verbrechen mit hineinziehen, um mich mundtot zu machen?

Ich wagte nicht zu fragen, mein Nacken bot sich ihr zu ungeschützt dar. Wie auf Kommando fing mein Hals an zu jucken. Adrian hätte mich ausgelacht. Du hast eine blühende Phantasie, mit körperlichen Folgen. Plötzlich kamen mir Zweifel. Hieß es nicht, der Fall sei gelöst und der Täter gefaßt? Hatte ich mir alles nur eingebildet?

»Wieviel sollen Sie zahlen?« fragte ich deshalb so sachlich wie beim Fleischer, um zu demonstrieren, daß ich die Nerven behielt und nicht so schnell ausflippen würde.

»Geld!«

Der Tonfall klang so verächtlich, als wäre Geld kein Grund, ein Kind zu entführen oder einem Menschen die Kehle durchzuschneiden. »Es geht nicht um Geld. Sie wollen meine Schwester, weil sie blöd genug war, einen Verbrecher zu heiraten.«

»Ach, sei doch still.«

»Warum? Mircu war ein Verbrecher. Ich hab dich gleich gewarnt. Zehntausend Mark hat er ihr für die Heirat bezahlt. Sie hätte einen Russen haben können, für fünfzehntausend. Aber sie wollte ja keinen Russen.«

»Ich hasse die Russen.«

»Sind die vielleicht besser? Schlimmer sind die. Die machen vor den eigenen Kindern nicht halt. Wenn's um Geld geht, beißen die sich gegenseitig die Kehle durch, hat man ja gesehen. Aber das hat er jetzt davon.«

»Ist ihm recht geschehen.«

»Ich habe gelesen, daß ein Rumäne verhaftet wurde«, warf ich vorsichtig ein.

»... der den Rest seines Lebens hinter Gittern verbringen wird, und ein paar andere Kerle dazu, wenn sie redet.«

»Was weiß ich denn? Gar nichts weiß ich.«

»Jedenfalls glauben sie, daß du den Mund halten wirst wegen dem Kind. Dabei ist es nicht mal ihr eigenes«, wandte er sich wieder an mich. »Mircu hat es mitgebracht. Angeblich war er der Vater, angeblich. Wissen Sie, was denen so ein Kind pro Tag einbringt? Solange er's nicht brauchen konnte, hat er es bei meiner Schwester gelassen. Bis sie 'n Narren dran gefressen hat. Dann wollte er's wiederhaben.«

»Nur über meine Leiche.«

»Und dafür schon gar nicht«, meinte ihr Bruder düster.

»Wir sind in Bonames«, sagte ich, »wohin jetzt?«

Mein Nebenmann ruckte mit dem Kopf nach allen Seiten wie ein Huhn, dann deutete er nach links in eine kleine unbeleuchtete Nebenstraße. Wir ließen die Häuser hinter uns und fuhren durch nachtschwarze Felder. Nur einmal kamen uns die gelben Lichter eines Wagens entgegen.

»Langsamer!« Die Rothaarige beugte sich nach vorn und krallte ihre Nägel in meine Schulter. »Gleich. Da vorne. Jetzt rechts.«

Wir bogen in einen asphaltierten Feldweg ein, der dem landwirtschaftlichen Verkehr vorbehalten war.

»Mach das Licht aus«, befahl er.

»Die erste Abzweigung rechts, dann immer geradeaus«, diktierte sie. Ihr Atem roch metallisch.

Es war eine klare, windstille Nacht. Man konnte kilometerweit sehen, bis zu den dunklen Umrissen des Taunus auf der einen und dem Odenwald auf der anderen Seite. Über der Mainebene lag eine rötliche Dunstschicht. Wie ein riesiger Scheinwerfer hing der Mond über uns. Zur perfekten Rundung fehlte ihm eine winzige Delle. Nur unser Wagen bewegte sich weithin sichtbar in der reglosen Landschaft. Die Saat stand noch nicht hoch genug, um uns zu verbergen. Die Mondkarte bedeutet Unglück.

»Was sind Sie in Wirklichkeit, ein Mann oder eine Frau?«

Statt einer Antwort bekam ich ein kehliges Lachen, das sofort abbrach.

»Vorne links und gleich wieder rechts.« Die Frau hinter mir hatte die Stimme gesenkt.

Die Umrisse einer Scheune tauchten im Mondlicht vor uns auf. »Motor aus«, zischte es neben mir, dann glitt er vom Beifahrersitz und schob den Wagen geräuschlos die letzten Meter bis vor die Rückwand der Scheune und ließ ihn neben einem Miststreuer ausrollen. Seine Schwester beugte sich vor, zog den Zündschlüssel ab und steckte ihn ein.

»Warte«, befahl sie und kippte den Vordersitz um.

»Wenn wir in einer halben Stunde nicht zurück sind, ruf die Polizei.«

Sie trug jetzt Turnschuhe und lehnte sich dicht zu mir rüber. »Laß dir nicht einfallen, uns nachzukommen«, zischte sie kaum hörbar in mein Ohr. »Geh nicht rein! Auf keinen Fall! In deinem eigenen Interesse!«

Mit den gleichen zielstrebigen Bewegungen wie ihr Bruder stieg sie aus und verschwand lautlos in der nach Mist riechenden Dunkelheit.

Ich lauschte. Aus der Scheune drang kein Laut. Als hätte sie die ganze Zeit im Hintergrund gelauert, überfiel mich die Angst. Ich wagte nicht, mich zu rühren, und atmete flach wie ein in die Ackerfurche geducktes Karnickel. Als etwas krachend auf der Kühlerhaube landete, drückte ich in Panik alle Türknöpfe herunter. Aber es war nur eine Katze, die mich durch die Scheibe desinteressiert betrachtete. Dann begann sie, ihre Hinterpfote zu lecken. Plötzlich hielt sie mitten in der Bewegung inne.

Das Hinterbein in die Höhe gereckt, hob sie den Kopf. Hatte sie etwas gehört? Ich lauschte angestrengt. Sie fuhr fort, sich zu putzen. Der Mond stieg höher, der Schatten der Scheune wurde kürzer und würde den Wagen bald nicht mehr verbergen.

Ich wollte gerade auf die Uhr sehen, da sprang die Katze mit einem Satz von der Kühlerhaube und war verschwunden. Kurz danach bog jemand um die Ecke. Ich duckte mich unter das Armaturenbrett.

Die Zwillinge rüttelten an den Türgriffen. Das Kind

schlief oder war bewußtlos, jedenfalls gab es keinen Mucks von sich, als sie es auf den Rücksitz legten. Dort schien ihm das Mondlicht ins Gesicht, das die Heckscheibe des Wagens erreicht hatte.

»Los!«

Der Start klang wie eine Explosion. Ich knallte den Gang rein und gab Gas bis zum Anschlag. Der Motor nahm das übel und soff ab. Ratata ratata. Beschwörend starrte ich auf den Zündschlüssel. Endlich sprang der Wagen an, und wir rollten vom Miststreuer fort, ohne daß uns jemand daran hinderte. Wir fuhren den gleichen Weg zurück, jedenfalls schien es mir so. Ich kann mich nachts nur schwer orientieren.

»Links, jetzt rechts«, kam es von hinten. Sonst wurde nicht gesprochen. Der Mond beleuchtete uns bis zur Landstraße. Ich spürte sein Licht wie ein Zielfernrohr zwischen den Schulterblättern. Aber es fiel kein Schuß.

Sie dirigierten mich weiträumig um Frankfurt herum, und es wurde bereits hell, als ich sie an einem kleinen Bahnhof am Rhein absetzte, zwei unauffällige Frauen in farblosen Glockenröcken und ein übermüdetes Kind, das zwischen ihnen mehr hing als ging. Die eine trug einen Rucksack auf dem Rücken, die andere eine Reisetasche über der Schulter. Ich war ausgestiegen und sah ihnen nach. Keiner der wenigen Reisenden achtete auf sie.

Noch ein Toter im rumänischen Bandenkrieg! titelten die Zeitungen zwei Tage später. In einer Scheune bei Bonames war ein Toter gefunden worden. Erstochen.

In der darauffolgenden Woche brachte mir der Postbote ein Paket ohne Absender. Es war in Spanien abgestempelt und enthielt ein fleckiges, dolchähnliches Messer und einen Zettel ohne Anrede: DAS SCHWEIN IM GEFÄNGNIS IST UNSCHULDIG.

»Wir hatten zwar einen Verdacht«, sagte die Kommissarin hinter dem Schreibtisch, der ich meine Geschichte erzählte, nachdem ich mich endlich dazu durchgerungen hatte, das Paket bei der Polizei abzugeben. »Aber unsere Männer hielten es schlicht für ausgeschlossen, daß eine Frau die Tat begangen haben könnte.« Sie schnitt eine schnelle vertrauliche Grimasse und wurde sofort wieder dienstlich. »Es gab ja diese mysteriöse Anzeige des späteren Opfers.«

»Mysteriös?«

»Warum ruft ein hartgesottener Krimineller, und das war der Ermordete zweifellos, die Polizei? Das ist doch seltsam.« Sie machte eine Kunstpause, als wollte sie mir Gelegenheit geben, ihr die Antwort abzunehmen. Ich schwieg. Ich hasse Prüfungen. »Wahrscheinlich wollte er die beiden damit unter Druck setzen. Er wußte ja, daß wir nach dem Betrügerpaar suchen. Die Bande wollte das Kind zurück, aber die Geschwister rückten es nicht raus.« Wieder machte sie eine Pause, und auf ihrem Gesicht erschien der Anflug eines schadenfrohen Lächelns, dann hatte sie sich wieder unter Kontrolle. »Er hat sie unterschätzt. Ein tödlicher Irrtum.«

Ich mußte an die zwei unauffälligen Frauen auf dem

Bahnhof denken. Niemand hätte ihnen auch nur einen Ladendiebstahl zugetraut.

»Was glauben Sie, sind alle beide Frauen?«

Sie hob die Schultern. »Bisher wissen wir wenig, nur, daß sie eine Artistenschule besucht haben sollen. Das würde die Kraft und Geschicklichkeit erklären, vielleicht auch ihre Kaltblütigkeit. Nur eins scheint sicher, sie sind offenbar Meister...innen der Täuschung.«

Ich seufzte zustimmend und wartete auf die vorwurfsvolle Frage, warum ich nicht früher zu ihnen gekommen sei. Sie kam nicht.

»Was sind Sie für ein Sternzeichen?« fragte ich zum Abschied. Sie schien über meine Frage nicht erstaunt.

»Fische«, sagte sie.

Die Wohnung neben mir stand lange leer. Jetzt ist sie an ein älteres Ehepaar mit einem kläffenden Terrier vermietet.

Von Adrian erhielt ich eine Hochzeitsanzeige. Ich habe nicht geantwortet. Mit Zwillingen bin ich fertig. Wir passen nicht zusammen.

Die Autorinnen und Autoren

Noch vor Anbruch der Morgendämmerung kommt **Friedrich Ani** am 7. Januar 1959 als Steinbock mit Aszendent Schütze zur Welt. Später arbeitet er als Kulturjournalist und Polizeireporter, was ihm ausreichend Stoff liefert für Drehbücher und Romane wie ›Das geliebte süße Leben‹, ›Abknallen‹, ›Brennender Schnee‹ und ›Die Erfindung des Abschieds‹. Ausgezeichnet wird er unter anderem mit den Förderpreisen für Literatur der Stadt München des Freistaats Bayern. Ani würde heute noch gern einen Zwilling haben und holt daher mit *»Pas de deux«* nach, was die Eltern ihm verwehrten.

Die Sonne und vier Planeten stehen im Zeichen der Zwillinge, als **Linda Grant** *(»Lady Luck«)* am 28. Mai 1942 in New York das Licht der Welt erblickt. Später beginnt ihre Karriere als Lehrerin, ein Beruf, der nicht nur sie auf Mordgedanken bringt. Grant engagiert sich in der alternativen Bildungspolitik der sechziger Jahre und hat danach nie wieder eine ordentliche Anstellung. Statt dessen beschäftigt sie sich mit den Implikationen der Gehirnforschung für das Lehren und Lernen und schreibt Kriminalromane um die Privatdetektivin Catherine Sayler, wie ›Die Rattenfänger von San Francisco‹, ›Betriebsblind‹ und ›Tödliche Chips‹. Grants Aszendent ist die Waage.

Am Ufer der Niagarafälle, in Buffalo, New York, wird am 24. Juni 1938 **Lawrence Block** *(»Kellers Horoskop«)* als Krebs, Aszendent Zwillinge geboren. Sobald er den Griffel halten kann, beginnt Block zu schreiben, und er kommt seitdem nie ernsthaft auf den Gedanken, etwas anderes zu tun. Über 15 internationale Krimipreise schmücken seine Laufbahn, darunter vier amerikanische ›Edgar Allan Poe Awards‹, zwei japanische ›Maltese Falcon‹ und der deutsche ›Marlowe‹. Seine wichtigsten Werke: ›Im Namen des Volkes‹, ›Alte Morde rosten nicht‹, ›Mord ist keine schöne Kunst‹, ›Nur tote Zeugen reden‹, ›Der Teufel weiß alles‹ und ›Viele Wege führen zum Mord‹. Je länger der Autor seinen Serien-Helden Keller beobachtet, um so klarer wird ihm, daß dieser nur im Zeichen des Zwillings geboren sein kann. Für Block ist die Astrologie die akkurateste unter den ungenauen Wissenschaften. Er lebt und arbeitet in New York.

Ihre Ankunft auf dem Planeten Erde datiert **Lauren Henderson** *(»Der dunkle Spiegel«)* auf die Sternzeit 30/09/1966. Sie wächst in London auf und arbeitet nach dem Studium in Cambridge für einige obskure Kultmagazine. Später zieht sie mit ihrem Hund in die Toskana und beginnt zu kellnern. Nebenbei frönt sie dem Schreiben und veröffentlicht ›Künstlerpech‹, ›Die Skulptur‹ und ›Zu viele Blondinen‹. Wenn sie könnte, wie sie wollte, würde Henderson am liebsten ihr gesamtes Leben Martini trinkend in New York verbringen. Das und ihre – nach eigenen Angaben – exhibitionistische Ader schiebt sie auf ihren Löwen im Aszendenten. Beim Lesen von Horoskopen hält sich Henderson an die positiven Elemente und ignoriert den Rest.

Cornelia Arnhold *(»Ein Zwilling kommt selten allein«)* erliegt schon früh der Anziehungskraft der Zwillinge. Als am 27. März 1943 in Frankfurt/Main geborene Widderfrau mit Aszendent Schütze durchlebt sie hintereinander mit drei Zwillingsmännern – trotz unterschiedlichen Alters und Nationalität – drei fast identisch ablaufende Liebesaffären. Sie lebt in Genf, Griechenland und jetzt in Berlin, arbeitet als Sekretärin, Reiseleiterin, Stylistin, Reitlehrerin und Kabarettistin. Ihre Bücher: ›Liebe – eine Schlachtbeschreibung‹, ›Lieb mich wie im Kino‹, ›Bastardlieben‹ und ›Rififi‹. Arnhold findet astrologische Themen als Partytalk wesentlich ergiebiger als das Wetter.

Die Herausgeberinnen

Ursprünglich als Jungfrau geplant, zieht **Thea Dorn** intuitiv ein doppeltes Feuerzeichen vor und kommt – vier Wochen zu früh – am 23. Juli 1970 in Offenbach zur Welt. Die Löwefrau mit Aszendent Schütze geht nach dem Abitur ins antarktische Südgeorgien, um dort das Verhalten der Kaiserpinguine zu erforschen. Später arbeitet sie als Dozentin für Philosophie an der Freien Universität Berlin und hält Seminare zu Fragen der modernen Ethik und Ästhetik. Sie veröffentlicht die Kriminalromane ›Berliner Aufklärung‹, ›Ringkampf‹ erhält den *Marlowe* und für ›Die Hirnkönigin‹ den Deutschen Krimipreis 2000. Ihr Theaterstück ›Marleni‹ wird im Januar 2000 in Hamburg uraufgeführt. Nach einem für Feuerzeichen typischen anfänglichen Skeptizismus nähert sich Dorn durch die intensive Arbeit an den *Astrokrimis* der Weisheit der Sterne. »Seit ich weiß, daß fast kein Krimiautor Fische ist, schaue ich bei manchen Menschen genauer hin.«

Als die Sonne am 13. August 1966 über dem Rhein am höchsten steht, erblickt **Uta Glaubitz** in Bad Godesberg das Licht der Welt. Als nicht ganz umgängliche Mischung aus Löwe mit Aszendent Skorpion wächst sie in Köln auf und beginnt, sich für den FC, Kölsch und Karneval zu interessieren. Glaubitz studiert Philosophie, Anglistik und Chaostheorie und unterstützt heute als Berufsfindungsberaterin andere darin, ihren Traumjob zu finden. Sie gibt Seminare, veranstaltet Konferenzen und veröffentlicht unter anderem den Bestseller ›Der Job, der zu mir paßt‹. Ihr Verhältnis zur Astrologie konzentriert sich vor allem auf die Beschäftigung mit schwierigen Konstellationen. Glaubitz ist der festen Überzeugung, daß man nur lange genug in der Kneipe sitzen muß, um auch die letzten Geheimnisse der Astrologie aufzuklären.

Als Waage mit Aszendent Krebs wird **Lisa Kuppler** am 7. Oktober 1963 im schwäbischen Eßlingen geboren. Während eines vierjährigen USA-Aufenthalts studiert sie amerikanische Geschichte und Literatur und schließt mit einem Magister in amerikanischer Umwelt- und Frauengeschichte ab. Sie entdeckt ihre Liebe zu Hollywoodkino und Populärkultur, zu Trash, Camp und Star Trek. Ihr Mars im Skorpion prädestiniert sie zu einer Karriere im *hard boiled* Krimigeschäft. Sie arbeitet als Lektorin von Krimi-Reihen und widmet sich der Neuübersetzung von Altmeister Mickey Spillane. Kuppler glaubt, daß die Astrologie ein magisches Ordnungssystem der menschlichen Wesensarten ist, das heute durch laienpsychologische Deutungen völlig verwässert wird. Die passionierte Kampfsportlerin lebt in Berlin-Mitte. Daß die nach eigenen Angaben typische Waage sich privat wie beruflich mit Löwefrauen umgibt, schreibt sie einem abstrusen Winkelzug der Astrologie zu.